Bürgerliches Recht
im politischen System
des Imperialismus

Akademie der Wissenschaften
der Deutschen Demokratischen Republik

Institut für Theorie des Staates und des Rechts

Staats- und rechtstheoretische Studien

9

Bürgerliches Recht im politischen System des Imperialismus

AKADEMIE-VERLAG · BERLIN
1980

Autorenkollektiv
Wissenschaftliche Leitung: Jochen Dötsch
Redaktionelle Bearbeitung: Ernst Weihrauch

Erschienen im Akademie-Verlag, DDR-1080 Berlin, Leipziger Str. 3–4

Lizenznummer: 202 100/12/80
Gesamtherstellung: VEB Druckerei „Thomas Müntzer“, 5820 Bad Langensalza
Umschlaggestaltung: Willi Bellert
Bestellnummer: 753 771 0 (2173/9) LSV 0495
Printed in GDR
DDR 5,– M

Inhalt

Vorbemerkung

Der vorliegende Sammelband, der in Zusammenarbeit mit dem Institut für Staat und Recht an der Akademie der Wissenschaften der UdSSR entstand, ist der Untersuchung einiger aktueller Fragen der Wirkungsweise des bürgerlichen Rechts und der bürgerlichen Rechtsideologie gewidmet. Die Palette der behandelten Fragen wurde bewußt breit gehalten, um die vielfältigen Funktionsbereiche des bürgerlichen Rechts im Herrschaftssystem der entwickelten kapitalistischen Länder deutlich werden zu lassen.

Die Beiträge erhärten die Erkenntnis, daß die Grundfragen der gesellschaftlichen Rolle von Recht und Gesetzlichkeit zu den zentralen Fragen der ideologischen Auseinandersetzung in den kapitalistischen Ländern sowie zwischen Sozialismus und Imperialismus gehören. Sie zeigen zugleich die enge Wechselbeziehung zwischen Recht und Demokratie sowie wichtige Seiten der tiefen Krise, die das bürgerliche Recht und die bürgerliche Gesetzlichkeit erfaßt haben.

Die Krise des bürgerlichen Rechts als eine Erscheinungsform der Krise der bürgerlichen Demokratie äußert sich gegenwärtig vor allem im Widerspruch zwischen den Versuchen der herrschenden Klasse, das Recht zur Regulierung der sie bedrängenden gesellschaftlichen Probleme einzusetzen, und in den sich verringernden Möglichkeiten, sie auf diese Weise zu lösen. Wie im einzelnen nachgewiesen wird, gewinnen dabei solche Faktoren wie das abnehmende Vertrauen breiter Bevölkerungskreise in das bürgerliche Recht, der Kampf der Arbeiterklasse um die Verwirklichung demokratischer Rechtsforderungen und die wachsende Ausstrahlungskraft des sozialistischen Rechts eine immer größere Bedeutung.

Für die bei der Vorbereitung des Sammelbandes gewährte Unterstützung sei an dieser Stelle besonders Prof. Dr. W. A. Tumanow vom Institut für Staat und Recht der Akademie der Wissenschaften der UdSSR herzlich gedankt.

Berlin, Dezember 1978 *Jochen Dötsch*

Jochen Dötsch
(Berlin)

Zum Verhältnis von bürgerlichem Staat und Recht

Das Verhältnis zwischen Staat und Recht gehört zu den grundlegenden Problemen der marxistisch-leninistischen Staats- und Rechtstheorie. Ohne die Klärung dieser Frage ist es zum Beispiel nicht möglich, die Stellung des Rechts im gesellschaftlichen Überbau, das Wesen und die Funktionen des Rechts zu bestimmen. Das Wechselverhältnis zwischen Staat und Recht enthüllt jedoch keineswegs nur grundlegende theoretische Zusammenhänge und Entwicklungsgesetzmäßigkeiten beider Kategorien, sondern ist zugleich von entscheidender Bedeutung für die Erkenntnis der praktischen Wirksamkeit des Rechts, seiner Rolle als politisches Machtinstrument in den Händen der herrschenden Klasse.

Für die Entwicklung des Verhältnisses zwischen Staat und Recht ist charakteristisch, daß es mit dem zunehmenden Reifegrad der jeweiligen Gesellschaft differenzierter und komplizierter wird. Dies zeigt sich in der wachsenden Vielfalt der zwischen ihnen und ihren einzelnen Teilgebieten bestehenden Beziehungen, aber auch im Zusammenwirken mit den verschiedenen Bereichen der Gesellschaft, besonders mit den sich ständig fortentwickelnden Produktivkräften und Produktionsverhältnissen.

Viele neue Fragen im Wechselverhältnis zwischen bürgerlichem Staat und Recht werden durch die veränderten Existenzbedingungen des staatsmonopolistischen Kapitalismus aufgeworfen. Das resultiert nicht nur aus solchen Erscheinungen wie der wachsenden Rolle des bürgerlichen Staates bei der Steuerung innerer Prozesse im Interesse der Monopole, sondern zugleich aus den zunehmenden Einflußmöglichkeiten der erstarkenden Arbeiterklasse auf den bürgerlichen Staat und sein Recht sowie aus der Ausstrahlungskraft der Gesellschafts- und Staatsordnung der sozialistischen Länder auf die bürgerliche Gesellschaft, die immer mehr nicht nur das Handeln der unterdrückten Klassen, sondern auch die Politik der herrschenden Monopolbourgeoisie beeinflußt. Schließlich werden die Beziehungen zwischen bürgerlichem Staat und bürgerlichem Recht in vielfacher Weise durch die neue Stufe der allgemeinen Krise des Kapitalismus berührt, die auch alle Bereiche des Überbaus der kapitalistischen Gesellschaft erfaßt.

Bei der Erforschung der Wechselbeziehungen zwischen bürgerlichem Staat und bürgerlichem Recht sind mit einer Reihe von Arbeiten, die in den letzten Jahren zur Theorie des bürgerlichen Staates und Rechts erschienen sind, zweifellos bereits wertvolle Teilergebnisse erzielt worden.[1] Diese bedürfen jedoch der Weiterführung und Zusammenfassung im Rahmen von Untersuchungen, die auf die schrittweise Erarbeitung einer geschlossenen Theorie des bürgerlichen Rechts gerichtet sind. Im vorliegenden Beitrag kann nur auf einige der dabei zu lösenden Probleme eingegangen werden.

I.

Staat und Recht sind Produkt und Ausdruck der ökonomischen Basis der Gesellschaft und der in ihr wirkenden Gesetzmäßigkeiten und Prozesse. Wie Marx formulierte, sind „Staat, Recht, Moral, Wissenschaft, Kunst etc. . . . nur *besondre* Weisen der Produktion und fallen unter ihr allgemeines Gesetz".[2] Sie sind zugleich politischer Ausdruck und Instrumente der sich in diesen ökonomischen Verhältnissen manifestierenden Interessen der jeweils herrschenden Klassen und sozialen Gruppen der Gesellschaft.

Dem Staat kommt bei der Ausübung der politischen Macht durch die ökonomisch herrschende Klasse stets die primäre Rolle zu. Er ist das entscheidende Instrument der herrschenden Klasse, mit dessen Hilfe sie ihre Diktatur verwirklicht, das zentrale Glied im System der politischen Organisation der Gesellschaft. In der Ausbeutergesellschaft dient der Staat in erster Linie dazu, der ökonomisch herrschenden Klasse das Eigentum an den Produktionsmitteln und die Herrschaft über die ausgebeuteten und unterdrückten Klassen zu sichern. Im Kapitalismus ist der Staat „wieder nur die Organisation, welche sich die bürgerliche Gesellschaft gibt, um die allgemeinen äußern Bedingungen der kapitalistischen Produktionsweise aufrechtzuerhalten gegen Übergriffe, sowohl der Arbeiter wie der einzelnen Kapitalisten. Der moderne Staat, was auch seine Form, ist eine wesentlich kapitalistische Maschine, Staat der Kapitalisten, der ideelle Gesamtkapitalist".[3]

Die dominierende Stellung des Staates im Überbau der kapitalistischen Gesellschaft ist auch maßgeblich für sein Verhältnis zum Recht. Das Recht entstand historisch als unabdingbares Attribut des Staates, um dessen gesellschaftliche Funktionen allseitig durchsetzen zu können. Im Kapitalismus wird das Recht vor allem im Rahmen der beiden Hauptmethoden der Herrschaftsausübung durch die Bourgeoisie — der „Methode der Gewalt, . . . der Verweigerung jeglicher Zugeständnisse an die Arbeiterbewegung" und der „Methode des ‚Liberalismus', der Schritte in der Richtung auf die Entfaltung politischer Rechte, in der Richtung auf Reformen, Zugeständnisse usw."[4] — gestaltet und eingesetzt. Der bürgerliche Staat bestimmt dabei stets den Inhalt und die Wirksamkeit der rechtlichen Regelungen. Die spezifische Aufgabe des Rechts bei der staatlichen Machtausübung besteht darin, das Verhalten aller Gesellschaftsglieder im Interesse der herrschenden Klasse zu steuern, insbesondere immer dann, wenn dieses Verhalten in bestimmter, exakt zu kontrollierender Weise und mit einer hohen Verbindlichkeit für einen längeren Zeitraum gewährleistet werden soll. Das Recht dient dem Staat gleichzeitig dazu, seine Tätigkeit nach bestimmten Regeln und Verfahren zu organisieren, zu systematisieren und zu kontrollieren.

Natürlich darf das Primat des Staates nicht in dem Sinne verstanden werden, daß dem Recht nur eine überwiegend passive Rolle zukomme. Es ist vielmehr ein bedeutsamer Faktor bei der Festigung gesellschaftlicher Verhältnisse, aber auch bei der Herausbildung neuer gesellschaftlicher Verhältnisse und der Regulierung sozialer Prozesse.

Die Klassiker des Marxismus-Leninismus betonen nicht nur die in den Grundlagen und der gesellschaftlichen Funktion von Staat und Recht bestehenden Gemeinsamkeiten, sondern weisen zugleich auf deren relative Selbständigkeit hin. Sie verstehen darunter zunächst, daß Staat und Recht gegenüber der ökonomischen Basis und der Gesellschaft überhaupt in gewissen Grenzen eine eigenständige Rolle spielen. So weist Engels nach, daß die Staatsgewalt, kaum entstanden, sich gegenüber der Gesellschaft verselbständigt, „und zwar um so mehr, je mehr (sie) Organ einer bestimmten Klasse wird, die Herrschaft dieser Klasse direkt zur Geltung bringt“.[5] Die relative Selbständigkeit zeigt sich z. B. darin, daß die politische Macht sowohl hinter der ökonomischen und gesellschaftlichen Entwicklung zurückbleiben als auch ihr vorauseilen kann. Auch im Verhältnis zur herrschenden Klasse gibt es Erscheinungen relativer Selbständigkeit von Staat und Recht, etwa in der Weise, daß durch sie neben spezifischen Klasseninteressen zugleich einige allgemeine, für die gesamte Gesellschaft notwendige Aufgaben wahrgenommen werden (wie z. B. die Gewährung von Leistungen auf den Gebieten des Gesundheits- und Nachrichtenwesens).

Für den hier zu untersuchenden Fragenkreis ist eine andere Seite der relativen Selbständigkeit von größerer Bedeutung, nämlich die relative Selbständigkeit des Rechts gegenüber dem Staat. Das Recht stellt keine einfache Widerspiegelung der im Staatswillen verkörperten Klasseninteressen dar, sondern wird durch eine Reihe weiterer Faktoren geprägt. Es ist Ausdruck sowohl der ökonomischen und politischen Verhältnisse als auch vieler historischer und nationaler Besonderheiten, der Ideologie, der kulturellen Entwicklung usw. Erhebliche Bedeutung besitzt weiterhin der Umstand, daß der Staat unmittelbarer mit den sozialökonomischen Verhältnissen und den Klasseninteressen verbunden ist als das durch seine Vermittlung entstehende Recht. Sichtbar wird dies in der im bürgerlichen Recht weitverbreiteten Erscheinung, daß die rechtlichen Regelungen hinter den Anforderungen der gesellschaftlichen Entwicklung zurückbleiben, und zwar in größerem Umfang, als das hinsichtlich der staatlichen Tätigkeit der Fall ist. Hierbei handelt es sich allerdings stets um Widersprüche, die mit den der herrschenden Klasse zur Verfügung stehenden Mitteln lösbar sind. Dies geschieht u. a. dadurch, daß die von der gesellschaftlichen Entwicklung überholten Regelungen durch die Gerichte und Verwaltungsorgane an die veränderten Erfordernisse angepaßt oder durch eine Neuregelung des betreffenden Fragenkomplexes ersetzt werden.

Die relative Selbständigkeit von Staat und Recht ist eine Erscheinungsform ihres Klassencharakters.[6] Bei aller Bedeutung, die dieser Frage für die Untersuchung von Staat und Recht, ihrer einzelnen Teilbereiche und ihres wechselseitigen Zusammenhangs zukommt, darf jedoch nie das Relative dieser Eigenständigkeit, die sich nicht auf grundsätzliche Unterschiede zwischen beiden Institutionen gründet, übersehen werden. Hinsichtlich der entscheidenden Entwicklungsgesetzmäßigkeiten von Staat und Recht läßt sich vielmehr sagen, daß sich gleichgeartete, in vielen Merkmalen einheitliche Prozesse vollziehen. Das gilt für den modernen kapitalistischen Staat und sein Recht, insbesondere für die von Lenin aufgedeckte gesetzmäßige Tendenz der „Wendung *von* der Demokratie *zur* politischen Reaktion“[7], die eine grundlegende Erscheinung des politischen Überbaus im Imperialismus ist.

Die hauptsächlichste Beziehung zwischen Staat und Recht besteht darin, daß der Staat einerseits als Schöpfer und andererseits als Garant des Rechts fungiert. Indem der Staat den materiell bedingten Willen und die Interessen der herrschenden Klasse in allgemeinverbindliche Verhaltensnormen transformiert, vermittelt er zwischen den ökonomischen Verhältnissen und dem Recht. „Da der Staat die Form ist, in welcher die Individuen einer herrschenden Klasse ihre gemeinsamen Interessen geltend machen und die ganze bürgerliche Gesellschaft einer Epoche sich zusammenfaßt, so folgt, daß alle gemeinsamen Institutionen durch den Staat vermittelt werden, eine politische Form erhalten."[8] Gleichzeitig garantiert der Staat die Durchsetzung des Rechts, dessen Achtung und strikte Befolgung durch die davon Betroffenen notfalls durch Anwendung von Zwang in den jeweils vorgesehenen Formen. Die Garantiefunktion des Staates ist eine notwendige Konsequenz seiner vermittelnden Rolle in bezug auf das Recht, der Gewährleistung seiner vollen Wirksamkeit für die Verwirklichung der grundlegenden politischen und ökonomischen Belange der herrschenden Klasse.

II.

Die von den Klassikern getroffenen Feststellungen über das Verhältnis zwischen Staat und Recht gelten prinzipiell auch für die Bedingungen der heutigen kapitalistischen Gesellschaft. Sie bilden den theoretischen Ausgangspunkt, um die sich gegenwärtig im politischen und juristischen Überbau der entwickelten kapitalistischen Länder vollziehenden Prozesse zu erfassen, insbesondere die sich aus den Veränderungen in der kapitalistischen Ökonomik und den Klassenverhältnissen ergebenden neuen Erscheinungen hinsichtlich der gesellschaftlichen Rolle des bürgerlichen Staates und Rechts.

Während Staat und Recht im vormonopolistischen Kapitalismus vorrangig die Aufgabe haben, die Diktatur der gesamten Kapitalistenklasse über die Arbeiterklasse und alle anderen Klassen und Schichten der Gesellschaft zu sichern sowie die allgemeinen Existenzbedingungen der kapitalistischen Produktionsweise zu gewährleisten, werden sie im Imperialismus zu Instrumenten der Finanzoligarchie, unter den Bedingungen des staatsmonopolistischen Kapitalismus vornehmlich der mit dem Staat vereinigten Gruppen der Monopolbourgeoisie. Die damit verbundene Unterordnung der Interessen der anderen Klassen und Schichten — einschließlich der nichtmonopolistischen Teile der Bourgeoisie — führt zu einer permanenten Einengung der sozialen Basis von Staat und Recht, zu einer Tendenz verstärkter Entfremdung dieser Institutionen von der Gesellschaft. Zugleich erhöhen sich die von der herrschenden Klasse bei der Sicherung ihrer Macht und der Bewältigung anderer grundlegender gesellschaftlicher Probleme an den staatlichen und rechtlichen Überbau gestellten Anforderungen beträchtlich. Diese widersprüchliche Entwicklung bedingt eine fortschreitende Instabilität der gesamten bürgerlichen Staats- und Rechtsordnung und führt auch zu einer Reihe von Konsequenzen für das Verhältnis zwischen Staat und Recht.

Die Beziehung zwischen Staat und Recht wird in erheblichem Maße durch den in allen imperialistischen Ländern zu beobachtenden Prozeß der Erweiterung der Rolle des bürgerlichen Staates beeinflußt. Der Ausbau der Funktionen des bürgerlichen Staates, der sich auf alle Hauptgebiete des gesellschaftlichen Lebens erstreckt, ergibt sich in erster Linie daraus, daß sich die inneren Widersprüche der kapitalistischen Gesellschaft infolge der gewachsenen Kraft des sozialistischen Weltsystems, der nationalen Befreiungsbewegung und des Erstarkens der Arbeiterbewegung in den kapitalistischen Ländern beträchtlich vertieft haben. Er äußert sich besonders in einer Zunahme der Unterdrückungsfunktion, z. B. einem Anwachsen des Repressivapparates (militärischer, Polizei- und Verwaltungsapparat u. a.), wie sie gegenwärtig vor allem in den führenden imperialistischen Staaten vonstatten geht. Damit wird die bereits von Lenin nachgewiesenene Tendenz, daß im Imperialismus „eine ungewöhnliche Stärkung der ‚Staatsmaschinerie' . . ., ein unerhörtes Anwachsen ihres Beamten- und Militärapparats in Verbindung mit verstärkten Repressalien gegen das Proletariat" zu verzeichnen ist,[9] in einer höheren Dimension fortgeführt.

Mit nahezu gleicher Intensität betreiben die Monopole die Übertragung von Aufgaben bei der Regulierung der kapitalistischen Wirtschaft auf den bürgerlichen Staat. Wie u. a. der BRD-Staatstheoretiker Ernst-Wolfgang Böckenförde erklärt, „wird, je länger je mehr, der wirtschaftlich-soziale Prozeß als solcher vom Staat reguliert und gesteuert".[10] Die wachsende Bedeutung der ökonomischen Funktion des bürgerlichen Staates ist Ausdruck des monopolistischen Bestrebens, die modernen Produktivkräfte unter den Bedingungen des sich zuspitzenden kapitalistischen Grundwiderspruchs möglichst profitwirksam zu nutzen und zugleich auf die mit der allgemeinen Krise des Kapitalismus zunehmenden sozialen Widersprüche regulierend und harmonisierend einzuwirken. Eng mit dem letzteren Anliegen verbunden sind die im modernen bürgerlichen Staat mit großem Aufwand vorangetriebenen Maßnahmen zur politisch-ideologischen Manipulierung der Volksmassen.

Die Erweiterung der Funktionsbereiche des Staates geht mit einer entsprechenden Ausdehnung der gesellschaftlichen Funktionen des bürgerlichen Rechts einher. Das Recht bleibt nicht nur das vorrangige Mittel der herrschenden Monopole, um ihre Interessen der Gesellschaft als gemeinschaftliche Interessen zu oktroyieren, sondern sein Stellenwert im politischen Machtmechanismus wird erheblich angehoben. Es erfaßt nahezu alle bedeutsamen Sphären der Gesellschaft, den Bereich der politischen Herrschaftssicherung genauso wie die Ökonomik oder die Gestaltung der internationalen Beziehungen. Zutreffend wurde in einem auf den Ergebnissen des Moskauer internationalen wissenschaftlichen Symposiums „Staat und Recht im ideologischen Kampf der Gegenwart" aufbauenden Beitrag festgestellt, daß „das Recht in der gegenwärtigen kapitalistischen Gesellschaft eines der Hauptobjekte des ökonomischen und politischen Kampfes zwischen dem Monopolkapital und den werktätigen Massen, vor allem der Arbeiterklasse, ist".[11]

Im einzelnen wird das Recht allerdings vom bürgerlichen Staat in unterschiedlichem Maße für die Lösung der vor den herrschenden Gruppen der Monopolbourgeoisie stehenden Probleme eingesetzt. Je nach dem bestehenden Klassenkräfteverhältnis und der Art des zu regelnden Bereichs gesellschaftlicher Beziehungen werden die rechtlichen Formen staatlicher Tätigkeit mit mehr oder minder außerrechtlichen Methoden koordiniert. So wurden in den letzten Jahren vielfältige Regelungen getroffen, um die Unterdrückung der Werktätigen und ihrer Organisationen zu intensivieren. Dazu gehören z. B. die in mehreren kapitalistischen Ländern erlassenen Regelungen über den „Staatsschutz" oder die „innere Sicherheit", die die exekutiven Organe ermächtigen, demokratische Aktionen der Werktätigen zu verbieten oder mit anderen repressiven Methoden gegen sie vorzugehen und damit die bürgerlichen Grundrechte (z. B. die Versammlungs- und Meinungsfreiheit) zu beschränken.[12] Gleichzeitig ist jedoch auch eine beträchtliche Zunahme der außerrechtlichen Aktivitäten des bürgerlichen Staates und der Monopole zu konstatieren, mit denen der imperialistische Macht- und Unterdrückungsapparat weiter perfektioniert werden soll.[13]

Eindeutig im Vordergrund stehen indes rechtliche Leitungsmethoden auf dem Gebiet der ökonomischen Regulierung. Der bürgerliche Staat verfolgt damit das Ziel, seinen im Interesse der Gesamtbelange der führenden Monopole getroffenen Regulierungsmaßnahmen gegenüber allen nichtmonopolistischen Klassen und Schichten, aber auch gegenüber einzelnen Monopolen und Monopolgruppen einen möglichst hohen Grad von staatlicher und rechtlicher Autorität und Verbindlichkeit zu verleihen. Die mittels des bürgerlichen Rechts auf verschiedenen Teilgebieten (z. B. des Konzernrechts, des Finanzrechts, des Patentrechts) vorangetriebene wirtschaftliche Regulierung stärkt zugleich die Positionen des Staates im Rechtssystem, indem dieser in großem Umfang als Partner von Rechtsverhältnissen bzw. bei ihrer Kontrolle in Erscheinung tritt. Diese Tendenz zeigt sich auch sehr deutlich in der Erweiterung der staats- und verwaltungsrechtlichen Normen zur ökonomischen Regulierung im Verhältnis zu zivilrechtlichen Vorschriften.

Eine erhebliche Rolle spielt das bürgerliche Recht auch auf dem Gebiet der kapitalistischen Sozialpolitik. Es ist interessant, daß die in den meisten entwickelten kapitalistischen Ländern geschaffene umfangreiche Arbeits- und Sozialgesetzgebung von vielen bürgerlichen Ideologen als Erklärung für die beträchtlich gewachsene Rolle des bürgerlichen Staates und des Rechts herangezogen und zugleich versucht wird, einen angeblichen Wandel der imperialistischen Staatlichkeit im Sinne eines „Sozialstaates" zu begründen. So schreibt z. B. der bekannte bürgerliche Rechtssoziologe Manfred Rehbinder (BRD), daß „weite Teile der Rechtsordnung jetzt Ausdruck einer staatlichen Daseinsvorsorge (sind). Das ursprünglich auf das Leitbild des besitzenden, selbständigen und aufgeklärten Bürgers und damit nur auf eine bestimmte gesellschaftliche Schicht zugeschnittene Recht der bürgerlichen Gesellschaft wird zunehmend dahin umgestaltet, daß es für alle Schichten funktionsfähig wird. Es besteht also eine *Tendenz zur Sozialisierung des Rechts*".[14] Die Verfechter der Lehre vom sozialen Staat und sozialen Recht lassen nicht nur außer Betracht, daß die in den imperialistischen Ländern eingeführten sozialrechtlichen Regelungen in erster Linie auf den organisierten Kampf der Arbeiterklasse zurückzuführen sind, sondern gehen auch an der Tatsache vorbei, daß es sich lediglich um partielle und zeitweilige Konzessionen handelt, die — wie es die Wirtschaftskrise seit Mitte der 70er Jahre zeigt — in Zeiten labiler wirtschaftlicher Verhältnisse von den Monopolen beschnitten oder überhaupt abgebaut werden. Die Ideologie vom Sozialstaat ist vor allem darauf gerichtet, eine Veränderung des Klassenwesens des bürgerlichen Staates und des Rechts vorzutäuschen und die Werktätigen mit der staatsmonopolistischen Ordnung „auszusöhnen". Sie ist „*eine* spezifische Reaktion der Monopolbourgeoisie auf den tiefen Klassenantagonismus der kapitalistischen Gesellschaft, auf die Verschärfung der Klassenkämpfe und auf das zuungunsten des Imperialismus veränderte internationale Kräfteverhältnis".[15]

Die in den letzten Jahren in allen entwickelten kapitalistischen Ländern zunehmende Kampfaktivität der Werktätigen zeigt die engen Grenzen, in denen die herrschende Klasse über die sozialpolitische und -rechtliche Regulierung auf soziale Widersprüche einzuwirken in der Lage ist. Insgesamt wächst der Gegensatz zwischen den von den Monopolen an die rechtliche Regulierung gestellten Anforderungen und den dafür gegebenen realen Möglichkeiten. Daher treten Teile der Monopolbourgeoisie auch dafür ein, die ökonomische und soziale Regulierungstätigkeit des Staates einzuschränken. Insofern widerspiegelt die Rolle des bürgerlichen Rechts im Regulierungsmechanismus die Krise, in die die staatsmonopolistische Regulierung geraten ist.

Dennoch läßt sich abschätzen, daß der Ausbau des bürgerlichen Staates und des Rechts auch künftig weiter fortschreiten wird, da die Monopole hierin einen Ausweg sehen, um mit den wachsenden gesellschaftlichen Problemen fertig zu werden. Obwohl dabei die Bedeutung des bürgerlichen Rechts im Prozeß staatlicher Machtausübung zunimmt, wird sich die Proportion zwischen beiden weiter zugunsten des Staates verschieben, da den Monopolen das Recht zur Sicherung ihrer Herrschaft immer weniger ausreichend erscheint. Gleichzeitig kann eine sich steigernde Furcht der herrschenden Kräfte davor festgestellt werden, daß sich die Arbeiterklasse auf Teile des bürgerlichen Rechts beruft und diese zur Verbesserung ihrer Positionen ausnutzt.

Die hiermit angesprochene Frage des Verhältnisses zwischen der Anwendung rechtlicher und außerrechtlicher Methoden durch den bürgerlichen Staat stellt ein wichtiges Problem der Theorie des bürgerlichen Staates und Rechts dar, das noch weiterer gründlicher Untersuchung bedarf. Offensichtlich spielt bei der Auswahl der jeweils für opportun gehaltenen Methode staatlicher Tätigkeit sowohl der Regelungsgegenstand — insbesondere die Spezifik des geforderten Verhaltens — und der Adressatenkreis (z. B., ob sich die staatliche Verhaltensforderung an Angehörige der unterdrückten oder der herrschenden Klasse richtet) als auch die bestehende Klassenkampfsituation eine Rolle. So erhält unter Bedingungen, wo — wie gegenwärtig — das Monopolkapital verstärkt dazu tendiert, „zu repressiven und autoritären Herrschaftsmethoden zu greifen“[16], die Anwendung außerrechtlicher Formen ein größeres Gewicht.

In der Praxis der imperialistischen Länder gibt es derzeit eine Reihe von neueren Erscheinungen, welche die Ausweitung des außerrechtlichen Tätigkeitsbereichs des bürgerlichen Staates und der Monopole demonstrieren. Genannt sei hier zunächst die Etablierung von gesetzlich nicht geregelten Organen und Einrichtungen, die staatliche Befugnisse wahrnehmen und die nicht einmal formell gegenüber den gewählten Vertretungskörperschaften verantwortlich sind (Beratungsgremien und Beiräte zentraler Staatsorgane, Untersuchungskommissionen u. a.). Aus der BRD wurde ferner bekannt, daß die Monopolunternehmen in Gestalt des paramilitärisch organisierten „Werkschutzes“ in den letzten Jahren eine Privatarmee im Umfang von insgesamt etwa 80000 Mann aufgebaut haben, die allein den Weisungen der Unternehmensleitungen untersteht und angeblich zur Abwehr „subversiver Angriffe“ eingesetzt wird. Von nicht geringer Bedeutung sind schließlich die zunehmenden Aktivitäten des imperialistischen Staatsapparates, ihren faktisch gesetzwidrigen Handlungen eine quasijuristische Gestalt zu geben. Aktuelle Beispiele dafür sind die Praxis der Berufsverbote und die Versuche ihrer Rechtfertigung in der BRD. Gestützt auf verfassungswidrige Beschlüsse der Regierungen der BRD-Bundesländer und einige Grundsatzentscheidungen des Bundesverfassungs- bzw. des Bundesverwaltungsgerichts, werden Bewerber für Tätigkeiten im „öffentlichen Dienst“ einer diskriminierenden Überprüfung auf „Verfassungstreue“ unterworfen. Die von ihnen geforderte politische Treuepflicht wird bezeichnenderweise tatsächlich *nicht* auf das geltende Grundgesetz der BRD bezogen, sondern auf die mit diesem bekanntlich keineswegs identische staatsmonopolistische Ordnung einschließlich deren zur Staatsdoktrin erhobenen antikommunistischen Ideologie. Obwohl diese Praktiken fundamentalen Regelungen des Bonner Grundgesetzes widersprechen — z. B. dem Recht auf freien Zugang zu allen öffentlichen Ämtern, dem Recht auf freie Wahl des Berufes und dem Recht auf Meinungsfreiheit —, werden sie in immer größerem Ausmaß angewandt. Untersuchungen haben ergeben, daß bis Ende 1977 etwa 1,3 Millionen Arbeiter und Angestellte überprüft und mehr als 4000 Werktätigen die Ausübung ihres Berufes verboten wurde.[17]

III.

Mit der wachsenden gesellschaftlichen Funktion des Rechts nimmt zugleich die Rolle des bürgerlichen Staates bei der Rechtsbildung zu. Damit hängt eine Reihe von Grundfragen der Gesetzlichkeit zusammen, die sowohl den Inhalt des Rechts als auch den Rechtsbildungsprozeß betreffen.

Die Einengung der sozialen Basis des bürgerlichen Staates und des Rechts und die Verschärfung der gesellschaftlichen Widersprüche zwingen den bürgerlichen Staat dazu, im bürgerlichen Recht in größerem Maße auch andere Interessen zu berücksichtigen als die der herrschenden Monopolgruppen. Das betrifft zunächst die stärkere Beachtung von Belangen der anderen Teile der Bourgeoisie, besonders in den auf örtlicher Ebene erlassenen Rechtsvorschriften, in bestimmtem Maße aber auch im Rahmen des zentral gesetzten Rechts. In der sich auf diese Weise verstärkenden Funktion als Gesamtkapitalist offenbart sich eine wichtige Seite der relativen Selbständigkeit von Staat und Recht unter den gegenwärtigen Bedingungen.

Gleichzeitig gilt es aber in Betracht zu ziehen, daß mit der wachsenden Kampfkraft der Arbeiterklasse und ihrer Organisationen auch ihre Möglichkeiten zunehmen, eigene politische und soziale Rechtsforderungen durchzusetzen. Die dafür gegebenen Bedingungen werden gegenwärtig zweifellos zugleich durch die hohe Ausstrahlungskraft der in den sozialistischen Ländern bestehenden Staats- und Rechtsordnung verbessert. Die Praxis des in den kapitalistischen Ländern geführten Klassenkampfes zeigt, daß neben sozialrechtlichen Forderungen (z. B. auf dem Gebiet des Lohnrechts und des Rechtsschutzes im Arbeitsverhältnis) immer mehr die Verwirklichung realer Einflußrechte der Arbeiterklasse in Staat und Wirtschaft geltend gemacht wird. Der bürgerliche Staat ist in wachsendem Maße gezwungen, auf solche Forderungen zu reagieren. Er tut dies vor allem durch die Reformierung des bürgerlichen Rechts im Sinne der Stabilisierung der staatsmonopolistischen Ordnung, wie dies z. B. in den in einigen Ländern (Schweden, BRD) eingeführten bürgerlich-reformistischen Mitbestimmungsmodellen Ausdruck findet, mit denen gewisse Beteiligungsrechte (insbesondere Beratungsrechte) der Werktätigen konzediert werden, um die von ihnen erhobenen Forderungen nach effektiver Mitbestimmung in den entscheidenden Fragen der Unternehmensleitung zu eliminieren. Darin zeigt sich, daß die bürgerliche Demokratie „nur so viel ‚Rechte' und ‚Freiheiten' (bietet), wie die gegebenen ökonomischen und politischen Machtverhältnisse des Imperialismus es zulassen oder wie sie die Arbeiterklasse im organisierten Klassenkampf erringt."[18] Die kommunistischen und Arbeiterparteien unterstreichen daher die Notwendigkeit, den Kampf um rechtliche Forderungen nicht isoliert zu führen, sondern als Teil des Ringens um weiterreichende demokratische Umgestaltungen in Wirtschaft und Gesellschaft, durch die das Kräfteverhältnis zugunsten der Arbeiterklasse verändert wird.

Die wichtigste Erscheinung im Rechtsbildungsprozeß äußert sich in der zunehmenden Abwertung des Gesetzes als Grundform bürgerlicher Rechtsetzung und in der Verlagerung der entsprechenden Kompetenzen des bürgerlichen Parlaments auf andere Organe und Einrichtungen des staatsmonopolistischen Machtapparates, insbesondere auf die Exekutive und die bürgerlichen Gerichte, in gewissem Umfang aber auch auf Monopolverbände und einzelne Monopolunternehmen. Ziel solcher Maßnahmen ist es, die Rechtsetzung flexibler zu gestalten, sie unkomplizierter und weniger öffentlichkeitsnah an die jeweiligen Belange der führenden Monopolgruppen anzupassen und den Monopolen selbst bestimmte Aufgaben bei der Rechtsbildung zu übertragen. Diese Verlagerung von Rechtsetzungskompetenzen ist als eine Tendenz zu verstehen, die durchaus nicht die weitere Ausnutzung der Rechtsformen des Gesetzes oder der Kodifikation ausschließt. Offensichtlich bildet sich eine gewisse Arbeitsteilung zwischen den zur Rechtsetzung befugten Organen heraus, die darin besteht, den Gesetzen die Regelung von für einen längeren Zeitraum projektierten Grundsätzen und Rahmenbestimmungen vorzubehalten, die Masse der für die Gestaltung konkreter Rechtsverhältnisse vorgesehenen Rechtsvorschriften den exekutiven Organen und den Gerichten zu überlassen. Auf diese Weise werden sie zu normativen Entscheidungen in solchen Fragen ermächtigt, in denen dem Kapital eine rasche Angleichung der rechtlichen Vorschriften an neue gesellschaftliche Bedingungen (wie z. B. im Falle des in einigen Ländern richterrechtlich geregelten Streikrechts der Arbeiterklasse) oder die Korrektur durch demokratische Kräfte beeinflußter Regelungen erforderlich erscheint. (In Parenthese sei bemerkt, daß insbesondere die Stellung des Richterrechts im bürgerlichen Rechtssystem und die Perspektiven seiner weiteren Entwicklung noch gründlicher theoretischer Analyse bedürfen.)

Eine besondere Problematik enthält die Ausübung von Rechtsetzungskompetenzen durch Monopolverbände und Monopolunternehmen, wodurch z. B. die Frage aufgeworfen wird, ob die These vom Staat als einziger rechtsetzender Institution noch richtig ist. Die Übernahme von Aufgaben bei der Rechtsetzung durch die Monopole ist Ausdruck der enger werdenden Verflechtung zwischen Monopolen und imperialistischer Staatsmacht und manifestiert sich besonders auf Gebieten, wo — wie in den Wirtschaftsbeziehungen und im Arbeitsprozeß — die monopolistischen Profitinteressen unmittelbar berührt sind. Zweifellos trifft die Auffassung W. A. Tumanows zu, daß nicht alle von den Monopolen gesetzten Regeln zum Recht gezählt werden können.[19] Andrerseits ist in der bürgerlichen Theorie und Praxis weithin anerkannt, daß so bedeutsame Regelungen wie die von den zuständigen Leitungsgremien der Monopolunternehmen beschlossenen Allgemeinen Geschäftsbedingungen und Formularverträge oder die den Arbeits- und Ausbeutungsprozeß reglementierenden kapitalistischen Betriebsordnungen die Qualität von Recht besitzen. Man geht dabei davon aus, daß die jeweilige Regelungsbefugnis vom Staat auf die Monopole delegiert worden sei.[20] Die Rechtsetzungskompetenz der Monopole wird folglich vom Staat abgeleitet, der im übrigen auch dazu berufen ist, für die Durchsetzung solcher Vorschriften Sorge zu tragen, falls dazu die den Unternehmen zur Verfügung stehenden Möglichkeiten nicht ausreichen.

Wegen ihrer Bedeutung sei in diesem Zusammenhang noch auf die von den Monopolverbänden mit den Gewerkschaftsorganisationen zur Regelung der Arbeits- und Lohnbedingungen der Werktätigen eines Wirtschaftszweiges abgeschlossenen kollektiven Vereinbarungen (Kollektiv- oder Tarifverträge) hingewiesen. Sie regeln so gravierende Fragen wie die lohn- und urlaubsrechtlichen Ansprüche für jeweils eine große Zahl von Werktätigen. Gerade dieser Regelungsbereich zeigt, daß eine starre Abgrenzung zwischen der staatlichen Rechtsbildung und der Rechtsetzung durch die Monopole nicht möglich ist und daß Veränderungen entsprechend den jeweiligen konkreten Bedingungen vorgenommen werden. So tendieren die Monopole in Krisensituationen dazu, ihre „Tarifautonomie" an den Staat abzutreten und diesem die Festlegung von Daten zur Lohnhöhe und unter Umständen sogar die Funktion eines zwangsweisen Schlichters bei Lohnauseinandersetzungen zu übertragen, um Streikkämpfe weitgehend auszuschließen.[21]

IV.

Eine Reihe neuer Aspekte kennzeichnet auch die Rolle des bürgerlichen Staates auf dem Gebiet der Rechtsanwendung. Vor allem ist ein Anwachsen seiner Aktivitäten sowie seines Apparates bei der Realisierung des bürgerlichen Rechts zu konstatieren.

Das hängt damit zusammen, daß die sich im staatsmonopolistischen Kapitalismus vertiefende Kluft zwischen den breiten Schichten der Bevölkerung und dem bürgerlichen Recht die Wirkung dieses Rechts schmälert und seine Durchsetzungschancen vermindert. Wie für alles Recht, so gilt auch für das bürgerliche, daß es nur insoweit effektiv sein kann, wie es im Handeln der Bürger umgesetzt wird. Klasseninhalt und schrumpfende soziale Basis des bürgerlichen Rechts bewirken dagegen, daß in immer breiteren Kreisen der Bevölkerung die Bereitschaft dazu ständig geringer wird. Die Wirkungen, die sich die herrschenden Kreise von rechtlichen Regelungen bei der Durchsetzung ihrer Interessen erhoffen, werden reduziert oder bleiben u. U. sogar aus. Eklatanter Ausdruck dessen ist das rapide Ansteigen der Kriminalität — die auch nach Einschätzung bürgerlicher Fachkenner inzwischen den Charakter einer „Massenkriminalität" angenommen hat[22] — und der Rechtsverletzungen auf anderen Gebieten. Der im staatsmonopolistischen Kapitalismus eintretenden Zunahme der gesellschaftlichen Rolle des bürgerlichen Rechts steht also die Einschränkung seiner Wirkungsbedingungen entgegen.

Der bürgerliche Staat reagiert darauf in verschiedener Weise. Eine Form ist die Erweiterung des Justizapparates und der mit der Durchsetzung rechtlicher Regelungen befaßten exekutiven Organe. In allen entwickelten kapitalistischen Ländern wurden in den zurückliegenden Jahren die bestehenden Gerichtszweige verstärkt, zuweilen durch neue ergänzt. Erweitert wurden insbesondere die Verwaltungsgerichtsbarkeit, aber auch die Straf-, Zivil- und Arbeitsgerichtsbarkeit. So sind in Großbritannien nach dem zweiten Weltkrieg für einzelne Wirtschaftszweige zuständige Verwaltungstribunale sowie Transport- und Arbeitsgerichte ins Leben gerufen worden. Es ist auch interessant, daß die Verstärkung des staatlichen Engagements bei der Rechtsdurchsetzung mit einer wachsenden Rolle der Monopole auf diesem Gebiet einhergeht. Besonders ausgeprägt ist diese Tendenz in der BRD, wo die großen Unternehmen sogenannte Betriebsgerichte eingerichtet haben, die mit Billigung des Staates z. B. über Arbeitsdisziplinverletzungen und bestimmte, im Betrieb begangene Strafdelikte entscheiden.[23]

Auffallend ist darüber hinaus, daß alle an der Durchsetzung des Rechts beteiligten Organe und Einrichtungen des bürgerlichen Staates und der Monopole der ideologischen Rechtfertigung des bürgerlichen Rechts größeres Augenmerk zuwenden, um dem abnehmenden Vertrauen der werktätigen Massen in das Recht entgegenzuwirken. Dafür werden sowohl verschiedene Konstruktionen der bürgerlichen Rechtsideologie— z. B. über eine angebliche soziale Wandlung des bürgerlichen Rechts in der modernen Industriegesellschaft[24] — als auch Untersuchungsergebnisse der in den letzten Jahren stark vorangetriebenen bürgerlichen Rechtssoziologie genutzt. So vertritt der Rechtssoziologe Hans Ryffel (BRD) die Auffassung, daß die eigentlichen rechtssoziologischen Probleme die Wirksamkeit des Rechts beträfen, die weitgehend durch gesellschaftliche Faktoren bedingt sei.[25]

Bei der Betrachtung der für eine größere Wirksamkeit des bürgerlichen Rechts entfalteten Aktivitäten des bürgerlichen Staates fällt auf, daß sich diese keineswegs in gleicher Weise auf alle Bereiche des Rechts erstrecken, sondern nach Art und Anliegen der jeweiligen rechtlichen Regelung differenziert sind. Die für das Verhältnis der herrschenden Klasse (und ihres Staates als souveräne Macht) zum bürgerlichen Recht typische Erscheinung, daß sie stets potentiell über dem Recht stehen und an seine Regeln nicht gebunden sind,[26] offenbart sich unter den gegenwärtigen Bedingungen des staatsmonopolistischen Kapitalismus in zugespitzter Form. Die Entwicklung der imperialistischen Machtverhältnisse bestätigt mannigfach, daß die bürgerliche Staatsmacht bzw. die Monopole immer dann die durch das bürgerliche Recht gesetzten Verhaltensnormen durchbrechen, wenn ihre ökonomischen und politischen Interessen dies verlangen. So erhalten die Regelungen über die Grundrechte und -freiheiten der Bürger und über die Stellung der Arbeiterorganisationen nur insoweit eine staatliche Sicherung, als die Ausübung dieser Rechte die imperialistische Herrschaft und die von den führenden Monopolen verfolgten Ziele nicht beeinträchtigt. Der bürgerliche Staat verletzt solche Regelungen selbst systematisch, bzw. er toleriert das gesetzwidrige Verhalten von kapitalistischen Unternehmensleitungen oder rechtsgerichteter Organisationen. Anschauliche Beispiele für die rechtsverletzende Praxis des bürgerlichen Staatsapparates liefern u. a. die in den USA gegen demokratische Kräfte fortlaufend verübten Gewaltakte reaktionärer Gruppen, die sich dabei nicht nur auf das Wohlwollen der staatlichen Organe stützen, sondern sich in vielen Großstädten sogar parapolizeiliche Funktionen anmaßen können.[27]

Mit der Vertiefung der allgemeinen Krise des Kapitalismus und ihrer Verflechtung mit den zyklischen kapitalistischen Wirtschaftskrisen werden auch die Regelungen auf dem Gebiet des bürgerlichen Arbeits- und Sozialrechts labiler. Eine verhältnismäßig große Stabilität besitzen dagegen die bei der ökonomischen Regulierung und der Ausnutzung von Wissenschaft und Technik eingesetzten rechtlichen Regelungen, da mit ihnen eine möglichst effektive Steuerung dieser komplizierten Prozesse im Interesse der Sicherung und Maximierung des monopolistischen Profits angestrebt wird.[28] Der weitere Abbau der Gewährleistung des Rechts durch den bürgerlichen Staat ist ein Grundzug der Krise der bürgerlichen Gesetzlichkeit und damit auch der Krise der bürgerlichen Demokratie. Er zeigt eindrucksvoll die Unhaltbarkeit der Lehre vom bürgerlichen Rechtsstaat, der Versuche, das Recht über den Staat zu stellen und eine umfassende Bindung der staatlichen Tätigkeit an das geltende Recht — einschließlich einer staatlichen Verpflichtung zur Garantie des Rechts — zu begründen. Derartige Konzeptionen haben unter den gegenwärtigen gesellschaftlichen Bedingungen vor allem die Aufgabe, bei den werktätigen Massen die Vorstellung zu erwecken, als ob der immer stärker vorangetriebene Ausbau der militärisch-bürokratischen Staatsmaschinerie durch strenge Rechtsvorschriften begrenzt sei.

V.

Unter den Prozessen, die das Verhältnis zwischen bürgerlichem Staat und Recht determinieren, gewinnt schließlich noch ein weiterer wachsendes Gewicht. Es handelt sich um den Prozeß der Internationalisierung des Kapitals und der Produktion sowie die sich daraus ergebenden Aktivitäten zur Integration regionaler Wirtschaftsräume einschließlich von Teilbereichen des imperialistischen Herrschaftssystems.

In der Europäischen Wirtschaftsgemeinschaft (EWG), wo derartige Bestrebungen der Monopole bereits verhältnismäßig weit fortgeschritten sind, wurden supranationale Steuerungsmittel (und darunter besonders das Recht) zunächst vorrangig dazu eingesetzt, schrittweise einen freien Kapital-, Waren- und Arbeitskräfteverkehr zu sichern. Dazu erließen die auf der Grundlage des EWG-Vertrages gebildeten Leitungsorgane (der Ministerrat und die Kommission) eine große Anzahl grundsätzlicher sowie ausführender Rechtsvorschriften. Nunmehr werden Anstrengungen unternommen, die ökonomische Integration zu einer sogenannten Europäischen Union mit einer Reihe von politischen Vollmachten (z. B. zur Harmonisierung der Außenpolitik) weiterzuentwickeln. Zu diesem Zweck ist vorgesehen, die Kompetenzen einer Reihe von Organen (besonders des Ministerrates) zu erweitern und neue, wie das sogenannte Europäische Parlament, zu institutionalisieren. Die supranationale Rechtsetzung wird damit erheblich an Bedeutung gewinnen und durch die Angleichung nationaler Regelungen ergänzt werden.[29]

Offensichtlich bilden sich hier zunehmend bestimmte Elemente eines übernationalen Überbaus heraus, wenngleich man sicherlich noch nicht davon sprechen kann, daß „jede einzelne wesentliche innere und äußere Funktion des bürgerlichen Staates durch analoge Funktionen des zwischenstaatlichen Apparates ergänzt (wird)".[30] Der sich hier herausbildende Machtapparat ist vor allem Instrument der mächtigsten — besonders der international verflochtenen — Monopolgruppen. Das von den EWG-Organen geschaffene „Gemeinschaftsrecht" widerspiegelt vorrangig deren Interessen, zugleich aber in bestimmtem Maße auch die Belange nationaler Monopolgruppen, der mittleren Bourgeoisie, der Bauernverbände u. a., die über ihre Regierungen — besonders der großen EWG-Länder — zur Geltung gebracht werden. Darüber hinaus wächst der Einfluß der international zusammenwirkenden Arbeiterorganisationen — besonders in Gestalt gemeinsamer Aktionen der kommunistischen Parteien und der Gewerkschaftsverbände der Mitgliedsländer — auf die Entscheidungs- und Rechtsetzungstätigkeit der Gemeinschaftsorgane (dem diese z. B. durch eine Verstärkung bzw. Harmonisierung ihrer sozialpolitischen und -rechtlichen Aktivitäten Rechnung zu tragen versuchen).

Durch diese Faktoren wird eine Tendenz zur relativen Selbständigkeit des Gemeinschaftsrechts begünstigt, aber zugleich auch die Labilität bei der Realisierung der gemeinschaftsrechtlichen Regelungen gefördert. Nach Ansicht der EWG-Kommission besteht die „Gefahr einer ständigen Spannung zwischen der Notwendigkeit, die gemeinsamen Regeln zu beachten, und der politischen Verantwortung der einzelstaatlichen Regierungen, die sich sehr rasch wandelnden Wirtschaftssituationen, von Land zu Land verschiedenen politischen Gleichgewichten und manchmal einander zuwiderlaufenden sozialen Pressionen gegenübersehen".[31]

Der Prozeß der kapitalistischen ökonomischen Integration im allgemeinen und der Herausbildung eines politischen Überbaus im besonderen schreitet nur ungleichmäßig voran und ist mit vielen Widersprüchen behaftet. Das zeigt sich z. B. in den harten Auseinandersetzungen der verschiedenen Gruppen des internationalen Monopolkapitals um die dominierende Rolle in den Gemeinschaftsorganen, aber auch in dem Bemühen des „nationalen" Monopolkapitals, mit Hilfe der einzelstaatlichen Regierungen die eigenen Interessensphären zu verteidigen. Wie ein Kenner der westeuropäischen Integration schreibt, zeichneten sich die Pläne für eine Europäische Union von Anfang an dadurch aus, daß „jeder Mitgliedstaat der EWG versuchte, über diesen Weg spezifisch nationale Interessen durchzusetzen und den Ausbau supranationaler Organe sowie die Ausweitung entsprechender Kompetenzen bei Beschränkung nationalstaatlicher Souveränitätsrechte als Instrument zur Errichtung einer hegemonialen Stellung gegenüber den ‚Partnerstaaten' zu nutzen".[32] Die sich weiter vertiefenden Gegensätze — vor allem auch zwischen den Monopolen und den nach demokratischen Veränderungen der EWG-Machtstrukturen strebenden Werktätigen — wirken sich zwangsläufig auf die Bildung und Verwirklichung des supranational gesetzten Rechts aus, verleihen ihm häufig Kompromißcharakter und erschweren (oder vereiteln) seine Durchsetzung, zumal diese auf nationaler Ebene und durch nationale Organe erfolgt. Obwohl der Umfang des Rechts im System supranationaler Steuerung zunimmt, wird seine Effektivität durch die für die kapitalistische Integration wirksamen gesellschaftlichen Gesetzmäßigkeiten und Widersprüche nicht unerheblich gemindert.

VI.

Die Krise, in der sich gegenwärtig alle Bereiche der bürgerlichen Gesellschaft — und darunter alle Teile ihres Überbaus — befinden, wirkt sich in vielfacher Weise auch auf das Verhältnis zwischen bürgerlichem Staat und bürgerlichem Recht aus.

Die Krisenprozesse, die den politischen Machtmechanismus der imperialistischen Länder erfaßt haben, sind in ihren wesentlichen Erscheinungsformen ein Ausdruck der Krise der bürgerlichen Demokratie, d. h. ein Ausdruck der Krise der Politik und der Institutionen der imperialistischen Bourgeoisie zur Aufrechterhaltung ihrer Herrschaft über die Gesellschaft. Sie offenbart sich in so bedeutsamen Tendenzen wie der Deformierung der verfassungsrechtlichen Stellung der Parlamente mit den sich daraus für die Rechtsbildung ergebenden Konsequenzen, im Abbau der bürgerlichen Gesetzlichkeit und Rechtssicherheit als einem für die gesamte bürgerliche Rechtsordnung typisch gewordenen Merkmal sowie in dem eng hiermit zusammenhängenden Autoritätsschwund der Institutionen des bürgerlichen Staates und Rechts. Die Krise zeigt sich aber auch in den vom bürgerlichen Staat unternommenen Versuchen, mit Hilfe rechtlicher Mittel den sich verschärfenden Widersprüchen und Krisenerscheinungen entgegenzuwirken. Ohne den von solchen rechtlich instrumentalisierten Reformprojekten ausgehenden ideologischen Einfluß auf Teile der Arbeiterklasse zu unterschätzen, ist doch gegenwärtig deutlich sichtbar, daß die Wirksamkeit derartiger Reformverheißungen nachgelassen hat. Dies ist nicht nur eine Folge der z. T. drastischen Verschlechterung der sozialen und sozialrechtlichen Lage der Werktätigen (der Arbeitslosigkeit u. a. m.), sondern vor allem auch Ausdruck der gewachsenen Stärke ihrer Organisationen.

Der für die Entwicklung der bürgerlichen Demokratie und auch das Verhältnis von bürgerlichem Staat und Recht kennzeichnende dialektische Prozeß besteht darin, daß sich der „Antagonismus zwischen dem die Demokratie negierenden Imperialismus und den zur Demokratie strebenden Massen“ verschärft.[33] Während einerseits die autoritären, die Rechtsposition der Werktätigen unterminierenden Züge in der Politik der Monopole zunehmen, verstärkt sich andrerseits der politische Charakter des Kampfes der Arbeiterklasse, wächst ihr Streben nach demokratischen Veränderungen und realen Einfluß- und Kontrollrechten in Staat, Wirtschaft und Gesellschaft. Dieser Kampf wird immer mehr durch die Beispielwirkung der sozialistischen Länder, insbesondere durch die hier verwirklichten Rechte der Werktätigen auf umfassende Mitwirkung an der Leitung des Staates und der Wirtschaft stimuliert.

Der auf die Monopole ausgeübte Druck, zumindest einem Teil dieser Forderungen Rechnung zu tragen, führt neue, den Interessen der herrschenden Gruppierungen nicht mehr unmittelbar entsprechende Elemente in die bürgerlichen Rechtsordnungen ein. Dadurch wird zwar der Charakter des bürgerlichen Rechts nicht verändert und die Priorität des den Willen der herrschenden Kreise ausdrückenden Staatswillens für das bürgerliche Recht nicht aufgehoben, aber die Möglichkeiten des bürgerlichen Staates, über das Recht unbegrenzt im Interesse der herrschenden Klasse zu verfügen, werden weiter eingeengt.[34] Hierin liegen, wie die kommunistischen und Arbeiterparteien der kapitalistischen Länder betonen, wichtige Bedingungen für die Arbeiterklasse, den Einfluß der Monopole zurückzudrängen und die eigenen Positionen zu erweitern.

Anmerkungen

1 Vgl. z. B. Marxistisch-leninistische allgemeine Theorie des Staates und des Rechts, Bd. 2, Berlin 1974, S. 301ff.; Marxistisch-leninistische Staats- und Rechtstheorie, Berlin 1975, S. 89ff.; W. A. Tumanow, Bürgerliche Rechtsideologie, Berlin 1975, insbes. S. 66ff.; W. E. Gulijew, Der imperialistische Staat in der Gegenwart, Berlin 1976, S. 48ff.
2 K. Marx, Ökonomisch-philosophische Manuskripte aus dem Jahre 1844, in: Karl Marx/Friedrich Engels, Werke (im folgenden MEW), Ergänzungsband, Erster Teil, Berlin 1973, S. 537.
3 F. Engels, Herrn Eugen Dührings Umwälzung der Wissenschaft (Anti-Dühring), in: MEW, Bd. 20, Berlin 1973, S. 260.
4 W. I. Lenin, Die Differenzen in der europäischen Arbeiterbewegung, in: Werke, Bd. 16, Berlin 1970, S. 356.
5 F. Engels, Ludwig Feuerbach und der Ausgang der klassischen deutschen Philosophie, in: MEW, Bd. 21, Berlin 1973, S. 302.
6 Vgl. K. Marx/F. Engels, Die deutsche Ideologie, in: MEW, Bd. 3, Berlin 1973, S. 62.
7 W. I. Lenin, Über eine Karikatur auf den Marxismus und über den „imperialistischen Ökonomismus", in: Werke, Bd. 23, Berlin 1968, S. 34.
8 K. Marx/F. Engels, Die deutsche Ideologie, in: MEW, Bd. 3, a. a. O., S. 62.
9 W. I. Lenin, Staat und Revolution, in: Werke, Bd. 25, Berlin 1972, S. 423.
10 E.-W. Böckenförde, Die politische Funktion wirtschaftlich-sozialer Verbände und Interessenträger in der sozialstaatlichen Demokratie, in: Der Staat (Berlin(West)), 4/1976, S. 459.
11 Sovetskoe gosudarstvo i pravo (Moskva), 10/1971, S. 11.
12 Vgl. z. B. das englische „Gesetz über außerordentliche Vollmachten" vom 10. Juni 1964 und die sogenannte Notstandsverfassung der BRD vom 24. Juni 1968 (Emergency Laws Reenactments and Repeals Act V 1964); siehe dazu: H. Street, Freedom the Individual and the Law, London 1974; E. Weihrauch, Die Bonner Notstandsverfassung . . ., in: Dokumentation der Zeit (Berlin), 411/1968.
13 Neues Deutschland (Berlin) vom 27. Januar 1977, S. 7.
14 Recht im sozialen Rechtsstaat, hrsg. von M. Rehbinder, Opladen 1973, S. 17.
15 K.-H. Röder, Bürgerliche „Sozialstaats"theorie und Krise des Kapitalismus, in: Staat und Recht (Berlin), 12/1976, S. 1269.
16 Für Frieden, Sicherheit, Zusammenarbeit und sozialen Fortschritt in Europa, in: Konferenz der kommunistischen und Arbeiterparteien Europas, Dokumente und Reden, Berlin 1976, S. 23.
17 Vgl. hierzu den von demokratisch gesinnten Persönlichkeiten in der BRD verfaßten Sammelband: Die Zerstörung der Demokratie durch Berufsverbote, Köln 1976; U. Mayer/G. Stuby (Hrsg.), Das lädierte Grundgesetz, Köln 1977, S. 235ff.; Neues Deutschland (Berlin) vom 27. Januar 1977.
18 K. Hager, Der IX. Parteitag und die Gesellschaftswissenschaften, Berlin 1976, S. 46.
19 Vgl. W. A. Tumanow, Bürgerliche Rechtsideologie, a. a. O., S. 228f.
20 Vgl. z. B. Recht im sozialen Rechtsstaat, hrsg. von M. Rehbinder, a. a. O., S. 14.
21 Für die BRD fordert u. a. der den Monopolverbänden nahestehende Politologe H. Rasch, die Gewerkschaften staatlichen Schiedssprüchen zu unterwerfen — falls sie die von den Monopolverbänden offerierten Lohnangebote nicht akzeptieren — und deren Einhaltung durch strenge Sanktionen zu sichern. Vgl. H. Rasch, Sind Streik und Streikandrohung noch zeitgemäß?, in: Zeitschrift für Rechtspolitik (Frankfurt a. M.), 8/1976, S. 181ff.
22 Die amtliche Kriminalistik der BRD für das Jahr 1976 weist z. B. gegenüber 1975 einen Anstieg der registrierten Straftaten um nahezu 5 Prozent aus, wodurch erstmalig die 3-Millionen-Grenze erreicht wurde; vgl. Bulletin, Presse- und Informationsamt der Bundesregierung, Bonn 3. Juni 1977, S. 533.
23 Die angebliche Vereinbarkeit einer solchen „Hausjustiz" der Monopole mit den Prinzipien

des bürgerlichen Rechtsstaates versucht u. a. U. Luhmann nachzuweisen; vgl. ders., Betriebsjustiz und Rechtsstaat, Heidelberg 1975.

24 Vgl. dazu K. A. Mollnau, Vom Aberglauben der juristischen Weltanschauung, Berlin 1974, S. 27ff.

25 Vgl. H. Ryffel, Rechtssoziologie. Eine systematische Orientierung, Neuwied 1974, S. 5.

26 Vgl. W. I. Lenin, Die proletarische Revolution und der Renegat Kautsky, in: Werke, Bd. 28, Berlin 1972, S. 234.

27 Vgl. P. Waldmann, Gewalt in den USA, in: Politische Studien (München), 229/1976, S. 481—492.

28 Vgl. zu diesem Fragenkomplex auch W. E. Gulijew, Der imperialistische Staat in der Gegenwart, a. a. O., S. 65, der zutreffend darauf verweist, daß auch auf ökonomischem Gebiet Gesetzesverletzungen im Interesse der Monopole weit verbreitet sind.

29 Vgl. dazu den im Auftrag der Regierungschefs der EWG-Mitgliedsländer durch den belgischen Ministerpräsidenten, Leo Tindemans, verfaßten Bericht über „Die Europäische Union", in: Politische Studien (München), 226/1976, S. 121—154.

30 So W. E. Gulijew, Der imperialistische Staat in der Gegenwart, a. a. O., S. 108.

31 EG-Kommission, Bericht der Kommission über die Europäische Union, in: Bulletin der Europäischen Gemeinschaften, Beilage (Brüssel), 5/1975, S. 18.

32 H.-J. Axt, Das „Europa der Bürger" — Ideologie und Wirklichkeit, in: Blätter für deutsche und internationale Politik (Köln), 8/1976, S. 853.

33 W. I. Lenin, Antwort an P. Kijewski (J. Pjatakow), in: Werke, Bd. 23, Berlin 1968, S. 14.

34 Vgl. dazu z. B. W. A. Tumanow, Karl Marx über den Klassencharakter des bourgeoisen Rechts, in: Rechtswissenschaft und Arbeiterbewegung, Festschrift für Eduard Rabofsky, Köln 1976, S. 107ff.

Wladimir A. Tumanow
(Moskau)

Zur marxistischen Einschätzung der bürgerlichen Konzeption vom „Richterrecht“

Die Idee von der „Freiheit der richterlichen Rechtsschöpfung“ ist eine jener Ideen, die in der gegenwärtigen westeuropäischen bürgerlichen Jurisprudenz — von den Ländern des anglo-amerikanischen, auf Präzedenzfällen beruhenden Rechts (des sog. Common Law) ganz zu schweigen — am weitesten verbreitet sind. Während in den Nachkriegsjahrzehnten die verschiedensten Richtungen und Schulen die Szene der bürgerlichen Rechtswissenschaft betreten haben, die sie später anderen überließen (wie dies z. B. bei der „Wiedergeburt des Naturrechts“ der Fall war), ist indes die Idee des „Richterrechts“ die konstante Komponente aller dieser Richtungen geblieben. Sie tritt übrigens auch häufig als eigenständige Konzeption in Erscheinung. Unter den Ländern Westeuropas widmet ihm die Rechtswissenschaft der BRD größte Beachtung.

I.

Die Anhänger des „Richterrechts“ gehen davon aus, daß der Richter angeblich ein vollkommenerer Vertreter des Rechts als der Gesetzgeber ist, der daher über den Rahmen der ihm traditionell zugewiesenen Sphäre der Rechtsanwendung hinausgehen muß und folglich auch in der Sphäre der Rechtsschöpfung eine bedeutende, wenn nicht gar führende Rolle spielen soll. Das Prinzip der Unterordnung des Richters unter das Gesetz oder zumindest die strenge Einhaltung dieses Prinzips werden von ihnen als „überwunden“, als der Vergangenheit angehörend betrachtet. Gemäß ihrer Konzeption wird der Richter mit der Befugnis ausgestattet, konkrete Fälle „contra legem“ zu entscheiden. Ein Vertreter der BRD-Justiz hob explizit hervor, daß die alte Vorstellung über den Richter schließlich aufgegeben worden sei und der Richter jetzt als „sozialer Architekt“ betrachtet würde. Er erklärte: „Diese Evolution hat letzten Endes zur Schaffung des ‚Richterrechts‘ geführt, das sich ständig ausdehnt, weil nur der Richter fähig ist, die Rechtsprobleme, die unsere komplizierte, sich schnell fortentwickelnde Industriegesellschaft stellt, auch schnell und konkret zu entscheiden.“[1]

Die allgemein-soziologische Einstellung dieser Art schlägt sich auch in der Lösung vieler konkreter Rechtsprobleme nieder. Bei den Diskussionen über die Frage der Gesetzes-

und Rechtsanalogie, die auf dem X. Internationalen Kongreß für Rechtsvergleichung (Budapest, 1978) geführt wurden, stand der Auffassung der Wissenschaftler der sozialistischen Länder, die Analogie nur als Methode zur Anwendung und Auslegung des geltenden Rechts im Rahmen der Gesetzlichkeit zuzulassen, die Position der bürgerlichen Wissenschaftler gegenüber, die Analogie hauptsächlich als Verfahren zur Abänderung und Ergänzung des Rechts durch das Gericht anzuwenden. So erklärte Prof. E. Bund (Freiburg i. Br.) in seinem auf dem Kongreß vorgetragenen Bericht, die Analogie könne „sowohl der Rechtsanwendung im engeren Sinne als auch der freien richterlichen Rechtsschöpfung als Begründung dienen“.[2] Er sei geneigt, die erste Variante für ein Überbleibsel der Vergangenheit zu halten und die zweite als vorherrschende Tendenz anzusehen, nachdem „die Legitimität richterlicher Rechtsschöpfung anerkannt ist“.[3] In einem weiteren BRD-Landesbericht, der in einer anderen Sektion des gleichen Kongresses vorgetragen wurde, die den „Begriff des positiven Rechts“ erörterte, konstatierte Prof. W. Hassemer (Frankfurt/Main): „Die in der bundesdeutschen rechtstheoretisch-methodologischen Literatur der jüngsten Zeit geübte Gesetzes- und Dogmatikkritik rückt den Begriff des positiven Rechts wieder näher an die Rechtsentscheidung heran. . . . Folglich habe der Richter Möglichkeiten und (die) Aufgabe der Rechtsschöpfung. . . . Damit nähert sich der Begriff des positiven Rechts, wie er von der neuesten rechtstheoretischen Nomenklatur verwendet wird, einer Vorstellung an, wie sie eher einem case-law- als einem kodifizierten Rechts-System angemessen erscheint.“[4]

Im Prinzip ist die Idee des „Richterrechts“ nicht neu; sie hat ihre eigene, gar nicht so kurze Geschichte. Wir möchten daran erinnern, daß die Forderung „des freien richterlichen Ermessens“, des „freien Rechts“ zur Befreiung vom „Druck des Gesetzes“ in der bürgerlichen Rechtswissenschaft schon um die Jahrhundertwende und zu Beginn unseres Jahrhunderts erhoben worden ist. Auf ihre damaligen Vertreter — H. Kantorowicz, E. Ehrlich, H. Isay u. a. m. — berufen sich recht häufig auch die heutigen Anhänger des „Richterrechts“. Tatsächlich bestehen aber zwischen dem „freien Recht“ zu Beginn unseres Jahrhunderts und dem gegenwärtigen „Richterrecht“ — bei aller Gemeinsamkeit — gewisse quantitative und sogar qualitative Unterschiede.

Zu Beginn unseres Jahrhunderts war das „freie Recht“ eine unter mehreren Richtungen in der bürgerlichen Jurisprudenz, eine lautstarke und aggressive, aber keineswegs die vorherrschende.

Heute tritt das „Richterrecht“, wie bereits hervorgehoben, als gemeinsame Idee fast aller Hauptrichtungen und Schulen in Erscheinung, und seine Rolle in der bürgerlichen juristischen Ideologie hat erheblich zugenommen.

Die antipositivistische Haltung nicht weniger bürgerlicher Rechtsideologen zu Beginn unseres Jahrhunderts äußerte sich — ähnlich wie bei den heutigen Verfechtern des „Richterrechts“ — in dem Bestreben, den Richter zu einer zentralen Figur der sozialen Entwicklung zu erheben und den Übergang von der „Herrschaft der Gesetze“, vom „Gesetzesstaat“ zum „Richterstaat“ zu betreiben.[5]

Das Aufkommen der Forderung, dem Richter freie Hand zu lassen, spiegelte vor allen Dingen die Tatsache wider, daß die Bedürfnisse des sich rasch entwickelnden Monopolkapitals nicht mehr mit den auf dem Kapitalismus der freien Konkurrenz basierenden Rechtsprinzipien und -instituten übereinstimmten. Man war bemüht, diese fehlende Übereinstimmung mit Hilfe des „freien richterlichen Ermessens“, der Vorrangstellung des vom Richter zu schöpfenden „lebenden Rechts“ gegenüber dem „geschriebenen Recht“ zu überwinden.

II.

Kann die Konzeption des „Richterrechts" auch heute mit der mangelnden Gesetzgebung, mit der unzureichenden Aktivität des Gesetzgebers erklärt werden? Diese Frage muß verneint werden. Für das gegenwärtige bürgerliche Recht der führenden kapitalistischen Länder (einschließlich das anglo-amerikanische Recht) ist vielmehr eine bedeutende Erweiterung der „Gesetzesproduktion", eine wahre Flut von Normativakten charakteristisch, die alle Hauptsphären des gesellschaftlichen Lebens erfaßt. Das ist eine Erscheinung der Entwicklung des staatsmonopolistischen Kapitalismus. Während die für den staatsmonopolistischen Kapitalismus charakteristische Vereinigung der Macht der Monopole mit der Macht des Staates in ihren konkreten Formen zunächst einen faktischen Prozeß darstellt, der sich unabhängig von einer juristischen Reglementierung vollzieht, finden die Folgen dieser Kräftevereinigung — die zunehmende Einflußnahme des Staates auf die Prozesse der Produktion, der Konsumtion und des Austauschs, auf die Beziehungen zwischen Arbeit und Kapital sowie auf andere gesellschaftliche Beziehungen — in einer zunehmenden gesetzgeberischen Tätigkeit des Staates ihren Ausdruck. So ist in der BRD jede Legislaturperiode des Parlaments durch die Verabschiedung von rd. 400 bis 500 neuen Gesetzen gekennzeichnet (in der siebenten Legislaturperiode, 1972—1976, wurden z. B. 515 Gesetze erlassen).[6] Dabei ist zu berücksichtigen, daß diese Gesetze nur eine Ergänzung des bereits bestehenden, weithin entwickelten Rechtssystems darstellen.

So entsteht ein Bild, das auf den ersten Blick etwas paradox erscheint: Die Aktivierung der Tätigkeit des Gesetzgebers ist von einer zunehmenden Gegenüberstellung von Gesetz und Richter sowie von der Forderung begleitet, den letzteren zum Schöpfer des „wahren Rechts" und zur maßgebenden Figur der sozialen Entwicklung zu erheben. Seiner Form nach sieht das (und so wird es auch von vielen bürgerlichen Ideologen dargestellt) beinahe wie eine Kritik am Gesetzgeber, wie ein Protest gegen den „erstickenden Etatismus" usw. aus. Wie ist es nun in Wirklichkeit? Um diese Frage zu beantworten, wenden wir uns der Zeit vor drei Jahrzehnten, den ersten Nachkriegsjahren zu, in denen sich in den Ländern Westeuropas der Prozeß der Restauration bzw. der Reorganisation der sozialökonomischen und politisch-staatlichen Struktur des Monopolkapitals vollzog.

Dieser Prozeß verlief unter den Bedingungen der Niederlage der reaktionärsten Kräfte des Imperialismus, des Aufschwungs der antifaschistisch-demokratischen Bewegung, der wachsenden Autorität und des Einflusses des realen Sozialismus in der Weltarena. Die Nachkriegssituation hatte die herrschenden Kreise dieser Länder zum Teil gezwungen, von ihnen sichtlich unerwünschte demokratische Reformen durchzuführen bzw. andere soziale und politische Zugeständnisse zu machen, die in den entsprechenden Verfassungen und anderen Gesetzen ihren rechtlichen Niederschlag fanden. Nachdem die herrschenden Kräfte in dieser Weise nachzugeben gezwungen waren, unternahmen sie sogleich Schritte zur Festigung der „letzten Verteidigungslinie des Eigentums", wie das bürgerliche Gericht in der marxistischen Literatur anschaulich und zutreffend bezeichnet wird.[7] Das zeigte sich einerseits in der personellen Besetzung der bürgerlichen Gerichte (wir möchten daran erinnern, wieviel die progressive Weltöffentlichkeit über Nazirichter verlauten ließ, die in der BRD ihre Richterroben behalten haben) und andererseits in der Ausstattung des Gerichts mit der Befugnis zur „freien Anwendung" des Gesetzes, um dieses je nach Bedarf zu „korrigieren", sofern dies im Gesetzgebungsstadium nicht gelang. Gleichzeitig sind das „übergesetzliche Naturrecht“, die „höchsten Rechtsprinzipien“, die „Rechtsidee“, die „Natur der Dinge“ und andere Kriterien entwickelt worden, mit deren Hilfe man die gerichtliche Ermessensfreiheit gegenüber dem Gesetz motivierte. Das war auch die Hauptursache dafür, daß das „Richterrecht“ zu einem festen Bestandteil in der Struktur der bürgerlichen Rechtsideologie der BRD geworden ist.

Das „Richterrecht“ hat auch in der Folgezeit für die herrschenden Kreise seine Bedeutung beibehalten. Die Anforderungen an den bürgerlichen Staat als „Gesamtkapitalist“, der Konkurrenzkampf zwischen den Monopolgruppen, die Widersprüche zwischen den zentralen und örtlichen Belangen und Institutionen — all dies und eine Reihe anderer Faktoren gestatten es dem kapitalistischen Staat jedoch nicht, dem Ermessen der „dritten Gewalt“ einen völlig unbegrenzten Spielraum zu überlassen. Das Grundgesetz der BRD von 1949 (Art. 97) und die später über die Gerichtsverfassung und den Richter verabschiedeten Gesetze verkünden das Prinzip der Unterordnung des Richters unter das Gesetz.[8] Die Formel vom „Richterrecht“ erweist sich jedoch als sehr geeignet, um die Anwendung dieses Prinzips flexibel zu gestalten. Mit Hilfe des „freien richterlichen Ermessens“ kann das eine oder andere Rechtsinstitut ohne formelles Gesetzgebungsverfahren an die jeweils veränderten Umstände angepaßt werden. Die Autorität des „Richterrechts“ dient zugleich dazu, eine zur Verfassung in Widerspruch stehende rechtsverletzende Gesetzgebung juristisch abzusichern, wie dies z. B. im Hinblick auf die zu den Berufsverboten erlassenen Rechtsakte der Fall ist.

Zwischen den die Staatsmacht beherrschenden Kräften und der bürgerlichen Rechtsideologie besteht eine Arbeitsteilung eigener Art. Die erstgenannten treten für eine elastische „Anwendung“ des Prinzips der Unterordnung des Richters unter das Gesetz ein. Die bürgerliche Rechtsideologie schafft ihrerseits dafür den ideologischen Hintergrund und bietet damit zugleich der Gerichts- und Verwaltungspraxis eine theoretische Grundlage für die „richterliche Freiheit“, und zwar in dem Maße, in dem es den herrschenden Kräften notwendig erscheint.

Neben diesem sozialpolitischen Hauptfaktor, der den „Erfolg“ der Konzeption des „Richterrechts“ begründete, sind noch einige weitere Faktoren von Bedeutung. Einer von ihnen ist der offenkundige ideologische Einfluß des anglo-amerikanischen „judge-made-law“ auf das rechtliche Denken in der BRD. Das geben auch viele Anhänger des „Richterrechts“ zu. Bei der Begründung der Konzeption des „Richterrechts“ wird in der Regel auf das anglo-amerikanische Modell verwiesen. Dabei wird jedoch — unter Verletzung des für das Verstehen und die Beurteilung sozialer Erscheinungen so wichtigen Prinzips des geschichtlichen Herangehens an die Analyse — der Fakt ignoriert, daß im Gegensatz zu den Ländern des „Common Law“ die Stärkung der „richterlichen Rechtsschöpfung“ in der BRD (sowie auch in anderen Ländern Westeuropas) unter den Bedingungen der Existenz eines entwickelten Systems des kodifizierten Rechts vor sich geht, d. h. unter Verletzung des Grundsatzes der Gesetzlichkeit und anderer verfassungsmäßiger Prinzipien. Das war in den englisch sprechenden Ländern nicht der Fall, wo — in Parenthese bemerkt — die neueste Entwicklung sich unter dem Zeichen der zunehmenden Rolle des Gesetzesrechts (Statute Law) vollzieht.

Ein anderer Faktor, der die Verbreitung der Konzeption des „Richterrechts“ namentlich in der BRD gefördert hat, ist die Praxis der Anwendung dieses Konzepts in der Tätigkeit der westdeutschen Justiz. Das Gerichtssystem ist hier dadurch, daß neben den ordentlichen Gerichten Verfassungsgerichte sowie eine Verwaltungs-, Finanz-, Arbeits- und Sozialgerichtsbarkeit geschaffen worden sind, erheblich umfangreicher als im kapitalistischen Deutschland vor 1945. Allein dieser Umstand hat mannigfaltige, nicht zuletzt auch illusionäre Vorstellungen über eine „erhöhte Rolle“ des Gerichts im Leben der Gesellschaft und ihrer Entwicklung mit sich gebracht. Noch bedeutsamer ist die Tatsache, daß die Gerichte, besonders ihre höchsten Instanzen, die „freie Handhabung“ der geltenden Gesetzgebung, einschließlich der Verfassungsgesetzgebung, mehrfach demonstriert haben. Es ist ganz offensichtlich, daß sich dieses reale „Richterrecht“ auch auf die Rechtsideologie in der BRD ausgewirkt hat.

III.

Auf bestimmte Weise ist die Konzeption des „Richterrechts“ mit einer Erscheinungsform des staatsmonopolistischen Kapitalismus, nämlich der zunehmenden Rolle des bürgerlichen Staates, dem Ausbau seines Apparates und dem Anwachsen der Beamtenbürokratie, verbunden. Selbst liberal eingestellte Kreise der Bourgeoisie tolerieren diese anwachsende staatliche Aktivität, insofern diese zu einem relativ normalen Funktionieren des kapitalistischen ökonomischen und politischen Systems beiträgt. Dabei nehmen sie selbst die mit Hilfe des bürgerlichen Staates forcierte Profitsteigerung bei den Konzernen mit in Kauf. Gleichzeitig mahnt die Dimension, in der das Potential des Staates verstärkt wird, zur Vorsicht und veranlaßt diese Kreise zur Zurückhaltung, weil sie sich einerseits an die verhängnisvollen Erfahrungen mit der totalen Staatlichkeit der faschistischen Diktatur erinnern und andererseits befürchten, daß die Staatsmacht potentiell auch für die Durchführung konsequent-demokratischer Reformen fungieren könnte. Damit ist übrigens auch in vielfältiger Weise die weite Verbreitung der Idee der „Vorrangstellung des Rechts gegenüber dem Staat“, von der „Herrschaft des Rechts“ („rule of law“) und vom „Rechtsstaat“ in vielem verbunden.

Von dieser Position aus wird die Konzeption des „Richterrechts“ von den liberal-demokratisch eingestellten Ideologen vertreten, die eben in der „Freiheit des Gerichts“ ein gewisses Gegengewicht zur Staatsmacht, ein Mittel zum Schutz der Persönlichkeit vor dieser Macht sehen. Es ist in der Tat unbestreitbar, daß das bürgerliche Gericht verfassungsgemäß dazu berufen ist, bei der Wahrung der Rechte und Interessen der Bürger eine wichtige Rolle zu spielen. Unumstritten ist aber auch das Vorhandensein einer rechtsverletzenden Gesetzgebung, vor der sich die werktätigen Klassen und Schichten der Bevölkerung schützen müssen (die Rechtspraxis bei den „Berufsverboten“ ist längst nicht das einzige Beispiel dieser Art). Dabei sind jedoch zwei Fragen wesentlich:

Erstens, ist für den Schutz der Rechte der Bürger gerade die „Freiheit des richterlichen Ermessens“ erforderlich und reicht dafür nicht die gerichtliche Anwendung der geltenden Verfassungsprinzipien aus?

Zweitens, wo ist die Garantie, daß die „Freiheit des richterlichen Ermessens“ nicht gegen die Verfassungsrechte und gegen die Freiheiten der werktätigen Klassen und Schichten des Volkes gerichtet wird, und zwar besonders deshalb, da es sich hierbei um die Tätigkeit der bürgerlichen Klassenjustiz handelt?

Diese Fragen beantwortet uns die Praxis der BRD-Gerichte. Wir möchten z. B. an die umrühmliche Rolle erinnern, die die verschiedenen gerichtlichen Instanzen — einschließlich der Bundesgerichtshof — bei der Einführung der verfassungswidrigen

Praxis der Berufsverbote bereits zu der Zeit gespielt haben, als diese durch das Bundesverfassungsgericht formal noch nicht bestätigt war.[9] Umgekehrt hingegen ist es schwierig, irgendwelche demokratischen Rechte und Freiheiten zu nennen, die im Widerspruch zur geltenden Gesetzgebung durch das „Richterrecht" in die soziale Wirklichkeit eingeführt worden wären.

Wenn nicht mögliche Einzelentscheidungen, also Ausnahmen, sondern die Gerichtspolitik und die Gerichtspraxis im Ganzen, in ihren Hauptrichtungen und Resultaten zur Grundlage der Analyse gemacht werden, dann zeigt sich, daß die Gegenüberstellung von „gerichtlicher Macht" und „staatlicher Macht" nicht überzeugend ist. Die bestehende Trennung zwischen Gesetzgebungs-, vollziehender Gewalt (unter den gegenwärtigen Bedingungen scheint es angemessener, diesen Begriff durch „Regierungsgewalt" zu ersetzen) und Gerichtsbarkeit ist nicht im Sinne einer Gewaltenteilung in der Gesellschaft zu verstehen, sondern lediglich als eine funktionelle Abgrenzung ihrer Tätigkeit im Rahmen des einheitlichen Mechanismus der politischen Macht. Das Gericht kann im Einzelfall (sofern ihm das Recht der verfassungsmäßigen Aufsicht eingeräumt ist) durchaus von der Haltung des einen oder anderen Regierungsorgans abweichen, die gerichtliche Tätigkeit im ganzen und die allgemeine Richtung der von den Gerichten betriebenen Politik ist jedoch den gleichen Zielen verpflichtet wie die gesamte Staatsmacht und deren Politik.[10] Die ganze Geschichte der BRD und insbesondere die Entwicklung der gerichtlichen Tätigkeit — vor allem das Vorgehen gegen die kommunistische Bewegung — bestätigen die Richtigkeit dieser Feststellung.

IV.

Wenden wir uns jetzt dem Argument der Anhänger der betrachteten Konzeption zu, wonach der Richter das Leben besser kenne als der Gesetzgeber und folglich ein vollkommenerer „sozialer Architekt" sei. Ohne Zweifel verdient der bürgerliche Gesetzgeber in vollem Umfang die Kritik, und vieles, was von ihm getan wird, ist alles andere als ein positives Beispiel „sozialer Architektur". Dabei darf jedoch nicht übersehen werden, daß der Gesetzgeber unter den Bedingungen einer modernen, in jeder Hinsicht höchst komplizierten Gesellschaft einen größeren sozialen Gesichtskreis besitzt und über entsprechende Möglichkeiten verfügt, relevante soziale Faktoren und voraussehbare soziale Folgen im Prozeß seiner Entscheidungsfindung zu berücksichtigen, als dies der Richter vermag, der jeweils mit einer konkreten, wenn nicht sogar atypischen Situation operiert. Es ist überdies durchaus gesetzmäßig, daß die Entwicklung der „Industriegesellschaft" und noch mehr der „postindustriellen Gesellschaft", d. h. die für den staatsmonopolistischen Kapitalismus charakteristische Komplizierung des Prozesses der gesellschaftlichen Produktion (wie sie sich auch in den Ländern des „Common Law" vollzieht), von einem Anwachsen der Rolle und Bedeutung der Gesetzgebung begleitet wird. Auch in dieser Hinsicht ist die Konzeption des „Richterrechts" nicht nur unhistorisch, sondern hat deutlich ausgeprägte reaktionär-utopische Züge, die die reale soziale Bewegung und deren Perspektive „verschieben".

Wir möchten auch den Umstand hervorheben, daß der Konzeption vom „Richterrecht" letztlich die für das bürgerliche juristische Denken recht typische Auffassung über das Recht als bloßes Mittel zur Regulierung gesellschaftlicher Konflikte zugrunde liegt. Wie die Vertreter dieser Konzeption behaupten, verfüge das Gericht über größere Möglichkeiten als der Gesetzgeber, sich von den Umständen des jeweiligen

Konflikts ein klares Bild zu machen und nicht nur in allgemeiner Weise, sondern konkret auf seine Überwindung hinzuwirken. Das ist eine ihrer Prämissen, auf deren Grundlage sie die Notwendigkeit der Erweiterung der dekretivischen Befugnisse des Gerichts ableiten. Die Beilegung von Konflikten ist selbstverständlich eine sehr wichtige Aufgabe des Rechts, aber man darf nicht übersehen, daß eine der Hauptfunktionen des Rechts in der Reglementierung der gesellschaftlichen Beziehungen besteht, die es ermöglicht, die Anzahl der Konflikte maximal zu reduzieren (hier sind konkrete „individuelle" Konflikte und keine Klassen- und andere bedeutsame soziale und politische Widersprüche bzw. Kontroversen gemeint). Man kann in diesem Zusammenhang sicher feststellen, daß dasjenige Rechtssystem effektiver ist, in dem weniger Konflikte und Rechtsverletzungen auftreten, während deren Anwachsen für eine Schwächung der Rechtsordnung spricht. Die schöpferische und organisierende Rolle des Rechts beschränkt sich folglich keineswegs auf die Lösung von Konflikten. Inwiefern kann also das Gericht, das die soziale Wirklichkeit nur durch das Prisma eines Konflikts sieht, ein vollkommenerer „sozialer Architekt" sein als der Gesetzgeber? Selbst unter Anwendung dieser nicht von uns eingeführten Terminologie kann gesagt werden, daß das Gericht wohl fähig ist, ein einzelnes Gebäude zu errichten, ein architektonisches Ensemble im großen Maßstab zu schaffen, übersteigt jedoch seine Kräfte; das kann allein die Funktion des Gesetzgebers sein.

Indem die Anhänger des „Richterrechts" das Prinzip der Unterordnung des Richters unter das Gesetz angreifen und ihm unterstellen, das soziale Potential des Gerichts einzuschränken, lassen sie in der Regel die Tatsache außer acht, daß dieses Prinzip in der Verfassungsgesetzgebung meistens bedeutend weitergehend und ausführlicher formuliert wird als „nur" im Sinne der Bindung des Richters an das Gesetz. In Wirklichkeit heißt es in den entsprechenden Regelungen: „Die Richter sind unabhängig und nur dem Gesetze unterworfen" (vgl. Art. 97 des BRD-Grundgesetzes). Das ist ein sehr wesentlicher Unterschied. Es handelt sich nämlich um den verfassungsrechtlichen Schutz des Richters gegenüber jeglicher Einflußnahme von außen, und darunter auch von seiten anderer Staatsorgane und hoher Beamter. Die Unterordnung des Richters unter das Gesetz ist, mit anderen Worten ausgedrückt, eine wichtige Garantie seiner Unabhängigkeit. Die Anhänger des „Richterrechts" behaupten, daß durch die Befreiung des Richters von der Bindung an das Gesetz dessen unabhängige Position gefestigt werde. Diese „Befreiung" würde aber in Wirklichkeit zu einem gegenteiligen Effekt führen, nämlich zum Verlust einer der wichtigsten Garantien der Unabhängigkeit des Gerichts. Auf diesen Umstand wies bereits Friedrich Engels hin, als er die „Freiheit des richterlichen Ermessens" kritisierte.[11]

V.

Wenden wir uns jetzt einem der wesentlichsten Aspekte des Problems zu, nämlich der Frage, wie das Gerichtssystem, dem die Freiheit zur Rechtsschöpfung eingeräumt wird, in sozialer Hinsicht einzuordnen ist. Im letzten Jahrzehnt wurde in der BRD eine Reihe von Arbeiten zur sogenannten „Soziologie der Rechtspflege" veröffentlicht, wozu die Analyse der sozialen Struktur der Richterschaft, der Karriere der Richter, des Verhältnisses der Bevölkerung zum Gericht usw. gezählt wird.[12] Was haben diese Untersuchungen ergeben? Wir möchten vor allen Dingen hervorheben, daß sich im Begriffsvokabular der westdeutschen Wissenschaftler der Begriff „Klassenjustiz", den früher nur die Marxisten benutzten, fest eingebürgert hat. Heutzutage sind auch manche Autoren, die von marxistischen Auffassungen weit entfernt sind, gezwungen, den Klassencharakter der bürgerlichen Justiz anzuerkennen. Die bei den Untersuchungen gewonnenen Daten weisen unwiderleglich aus, daß sich die Richterschaft aus den privilegierten Schichten der Gesellschaft rekrutiert und die Kaste der Richter als solche zur rechten Flanke der politischen Kräfte im Lande tendiert. Von der Gesamtzahl der Richter der BRD (rd. 14000) vertreten 80 Prozent auf Grund ihrer sozialen Herkunft die Unternehmer, die Großgrundbesitzer und das Beamtentum. Nur 1 Prozent entstammt der Arbeiterklasse. Über 50 Prozent der Richter rekrutieren sich aus den sozialen Schichten, die lediglich 5 Prozent der Bevölkerung des Landes ausmachen.

Von zahlreichen bürgerlichen Rechtswissenschaftlern wird ferner auch der Fakt anerkannt, daß die Interessen der werktätigen Klassen und Schichten vor Gericht nicht die gebührende Beachtung finden. Die politischen Sympathien und das diesen entsprechende Verhalten der BRD-Gerichte sind hinlänglich bekannt. Es genügt, in diesem Zusammenhang allein an das Verbot der KPD und an die Berufsverbote zu erinnern.

Im Grunde genommen ist die negative Einstellung breiter Kreise der Bevölkerung zur Rolle der bürgerlichen „Klassenjustiz" eine zwangsläufige Folge der sozialen Orientierung und der praktischen Tätigkeit der Gerichte. Der westdeutsche Jurist Diether Huhn konstatiert: „... das, was die Gerichte produzieren, erfüllt doch kaum eine andere gesellschaftliche Funktion, als sie jede andere bürokratische Kompetenz auch erfüllt ... Der Bürger hat zum Rechtswesen kein anderes — vielleicht eher noch ein schlechteres — Verhältnis als zur Polizei und zu anderen Behörden: Besser ist's, daß man nichts damit zu tun bekommt."[13]

Der bereits zitierte R. Girtler gibt einem Kapitel seines Buches den bezeichnenden Titel: „Die Soziologie des Gerichts. Die Skepsis gegenüber der Justiz". Es besteht hinreichend Grund zu der Annahme, daß die Ausstattung der „Klassenjustiz" mit weitgehenden rechtsschöpfenden Befugnissen zu nichts anderem als zum „richterlichen Klassenrecht" führen kann.

VI.

Zu den bereits dargelegten Aspekten, die die wissenschaftlich-theoretische und sozialpolitische Haltlosigkeit der Konzeption des „Richterrechts" deutlich machen, müssen noch zwei sozial-politische Erwägungen hinzugefügt werden.

Erstens bedroht die in mehr oder weniger bedeutendem Maße entwickelte „Freiheit des richterlichen Ermessens" das Prinzip der bürgerlichen Gesetzlichkeit. Und dies nicht nur in der dem Gericht „unterstellten" Sphäre der Rechtsordnung, sondern auch im Bereich der staatlichen Verwaltung, da die Forderung nach „freiem richterlichen Ermessen" von ihren Verfechtern stets auch auf die „Freiheit des administrativen Ermessens" im Staatsdienst bezogen wurde.

Zweitens lenkt das Bestreben, das „Richterrecht" als Schlüsselfrage der rechtlichen Entwicklung darzustellen, von einer wichtigen Richtung des allgemein-demokratischen Kampfes der werktätigen Massen ab, nämlich vom Kampf für die konsequente Demokratisierung des Gesetzgebungsprozesses und um die gesetzliche Verankerung der sozialen und politischen Forderungen der Werktätigen. Wie die Geschichte zeigt, ist gerade dieser Weg für die rechtliche Verankerung der sozialen Errungenschaften, die die Werktätigen im Klassenkampf erzielten, von großer Bedeutung.

Die Vertreter der sozialistischen Theorie und Praxis lehnen jegliche Varianten der Konzeption des „Richterrechts“ ab. Unter den Bedingungen der sozialistischen Gesellschaft ist das Gesetz die grundlegende Rechtsquelle, die dem System der gesellschaftlichen Beziehungen, welche auf dem gesellschaftlichen Eigentum an den Produktionsmitteln und auf der planmäßigen Leitung der Wirtschaft sowie der sozialen Entwicklung basieren, am besten entspricht. Die Zurückweisung der falschen Alternative „Gesetz *oder* Gericht“, die den Ausgangspunkt der Konzeption des „Richterrechts“ bildet, bedeutet jedoch keineswegs, daß die sozialistische Wissenschaft und Praxis mit der Betonung des richtigen Verhältnisses „Gesetz *und* Gericht“ die wichtige Rolle der Gerichtspraxis nicht sehen oder unterschätzen würde.

Die Verfechter des „Richterrechts“ stellen die Sache so dar, als würde das Prinzip der Unterordnung des Richters unter das Gesetz dem Gericht eine rein schematische Rolle zuweisen und dieses zu einem unschöpferischen, automatisch den Buchstaben des Gesetzes ausführenden Organ herabwürdigen. Die Vertreter der sozialistischen Theorie und Praxis weisen eine solche Auslegung dieses Prinzips jedoch zurück. Das Verhältnis „Gesetz und Gericht“ bedeutet nach ihrer Auffassung *erstens*, daß „die Gerichtspraxis zum Gesetz nicht im Widerspruch stehen und nicht über seinen Rahmen hinausgehen darf, vielmehr ihre Bestimmung darin besteht, der Festigung der Gesetzlichkeit zu dienen“.[14] *Zweitens* gebührt der Gerichtspraxis eine sehr wesentliche Rolle hinsichtlich der Konkretisierung der Rechtsnormen, ihrer Auslegung, der Anwendung der Analogie in den Fällen, wo dafür die gesetzlichen Grundlagen gegeben sind, sowie bei der Verallgemeinerung der Ergebnisse der gerichtlichen Tätigkeit im Zusammenhang mit der Überprüfung bestimmter Kategorien gerichtlicher Entscheidungen durch die obersten Gerichtsinstanzen u. a. m.

Nicht zufällig bestimmt das sowjetische Recht, daß das Gericht jeden Fall auf der Grundlage des Gesetzes und in Übereinstimmung mit dem sozialistischen Rechtsbewußtsein zu entscheiden hat. Das bedeutet nicht, daß das Gericht unter Berufung auf das sozialistische Rechtsbewußtsein die Anwendung des Gesetzes ablehnen darf, wie das mitunter gewisse „Sowjetologen“ der bürgerlichen Jurisprudenz darzustellen belieben. Dieser Grundsatz besagt vielmehr, daß das Gericht das Gesetz nicht schematisch, sondern unter Berücksichtigung aller objektiven und subjektiven Umstände des Falles, einschließlich der gesellschaftlichen Folgen des Urteils, anwenden soll.

Die Sowjetwissenschaft negiert auch nicht die wichtige, rechtsschöpfende Rolle der Gerichtspraxis, jedoch nicht im Sinne der „freien Rechtsschöpfung“ durch eine Entscheidung „contra legem“. Das sowjetische Recht kennt eine ganze Reihe von Rechtsnormen, deren soziologische „Quelle“ die Gerichtspraxis ist. Es kennt auch zahlreiche Fälle, wo die Gerichtspraxis den Gesetzgeber dazu veranlaßte, von ihm erlassene Normen aufzuheben oder wesentlich zu korrigieren. Gerade für diese Aufgabe ist die Gerichtsbarkeit in Gestalt ihrer höchsten Instanzen mit dem Recht der Gesetzesinitiative ausgestattet (vgl. Art. 113 der Verfassung der UdSSR). Durch solche rechtliche Garantien und nicht auf Grund eines „Richterrechts“ ist die sozialistische Rechtspflege in der Lage, die ihr übertragene bedeutende soziale Rolle zu erfüllen.

Anmerkungen

1 S. Franke-Griecksch, La position et les devoirs du juge dans RFA, in: Revue internationale de droit penal (Paris), 1/2/1975, S. 101.

2 E. Bund, Die Analogie als Begründungsmethode im deutschen Recht, in: Zeitschrift für vergleichende Rechtswissenschaft (Heidelberg), 1/2/1978, Bd. 77, S. 127.

3 Ebenda, S. 120.

4 W. Hassemer, Der Begriff des positiven Rechts, in: Zeitschrift für vergleichende Rechtswissenschaft (Heidelberg), 1/2/1978, Bd. 77, S. 108/109.

5 Vgl. R. Marcic, Vom Gesetzesstaat zum Richterstaat, Wien 1957.

6 Im einzelnen siehe: K. A. Mollnau, Vom Aberglauben der juristischen Weltanschauung, Berlin 1974; Ju. P. Urjas, Političeskij mechanizm FRG, Moskva 1978, S. 77.

7 Vgl. D. Gollan, Političeskaja sistema Velikobritannii, Moskva 1955, S. 168.

8 Die Verfassung überträgt dem Gericht das Recht, ein Gesetz für verfassungswidrig zu halten, über dessen Gültigkeit bei der Entscheidung eines konkreten Falles Zweifel bestehen. Das Gericht ist hierbei jedoch nicht berechtigt, contra legem zu entscheiden. Es ist verpflichtet, das Verfahren vorläufig einzustellen und die Frage dem Verfassungsgericht zur Entscheidung zu unterbreiten (vgl. Art. 100 des Grundgesetzes der BRD).

9 Einen Überblick über diese Praxis, insbesondere eine Einschätzung des Beschlusses des Bundesverwaltungsgerichts vom 6. Februar 1975 und des Beschlusses des Bundesverfassungsgerichts vom 22. Mai 1975, gibt I. Ledjach in dem Beitrag: „Zaprety na professii" — narušenie prav i svobod graždan FRG, in: Sovetskoe gosudarstvo i pravo (Moskva), 8/1977.

10 Etwas anderes ist nur in der revolutionären Übergangsperiode, unter Bedingungen eines relativ friedlichen Verlaufs der revolutionären Veränderungen möglich, wie dies z. B. in Chile in der Periode der Regierung der Unidad Popular unter Präsident Allende der Fall war.

11 Vgl. F. Engels, Brief an Eduard Bernstein vom 25. Januar 1882, in: Karl Marx/Friedrich Engels, Werke, Bd. 35, Berlin 1967, S. 267.

12 Vgl. R. Girtler, Rechtssoziologie — Thesen und Möglichkeiten, München 1976, S. 278. Der Autor stellt u. a. dazu fest: „Wie die Arbeiten von Opp, Rotleutner, Lautmann, Kaupek und anderen zeigen, ist die ‚Soziologie des Richters' zu einem beliebigen Objekt empirischer soziologischer Untersuchungen geworden."

13 D. Huhn, Neues Recht durch neue Richter?, in: Aus Politik und Zeitgeschichte, Beilage zur Wochenzeitung „Das Parlament" (Bonn), 43/76, S. 7.

14 Vgl. „Sudebnaja praktika v sovetskoj pravovoj sisteme" (Red. S. N. Bratus), Moskva 1975, S. 3.

Ekkehard Lieberam
(Berlin)

Rechtsetzungsprozeß und bürgerliche Verbändetheorie in der BRD

Es ist ein Grundzug bürgerlicher Verfassungstheorie und Politologie, das Verhältnis von Erscheinung und Wesen in der Politik systematisch zu entstellen. Gewisse äußere gemeinsame Merkmale werden als Ausgangspunkt genommen und mit dem Anspruch verallgemeinert, das Wesen politischer Institutionen zu bestimmen. Im Blickfeld bleiben dabei nur einige Merkmale und Tendenzen, zudem falsch klassifiziert und etikettiert. Andere liegen im toten Winkel. Jene politischen Institutionen, die wie Wahlen und Parlamente vorwiegend die Herrschaft des Kapitals verschleiern helfen, werden gar als die bestehenden Herrschafts- und Machtverhältnisse charakterisierend hingestellt.

Hinsichtlich des Gesetzgebungsprozesses ist eine recht eigenartige Anpassung der bürgerlichen Verfassungslehre an die veränderte politische Realität des staatsmonopolistischen Kapitalismus zu beobachten.

Für den heutigen kapitalistischen Staat ist offensichtlich, daß jene Parteiführungen, die die Regierung innehaben, die gesetzgeberische Tätigkeit beeinflussen und konzeptionell orientieren. Die aus dieser unbestreitbaren Tatsache abgeleitete These vom Parteienstaat wird allerdings dann falsch, wenn sie dahingehend ausgeweitet wird, daß die Regierungsparteien nunmehr die eigentlichen Inhaber der politischen Macht seien.

Nicht zu übersehen ist, daß mit der Ausdehnung der gesetzgeberischen Aufgaben des kapitalistischen Staates auf die Bereiche der Wirtschafts- und Sozialpolitik und der fortschreitenden Verlagerung der Gesetzgebungsinitiative auf die Regierung der Gesetzgebungsprozeß ganz entscheidend von der Regierungsbürokratie getragen wird. Damit eine „Herrschaft der Technokraten" beweisen zu wollen, hieße das Wesen bürgerlicher Staatsentwicklung hinsichtlich seines Klassencharakters völlig zu entstellen.

Unbestreitbar ist auch, daß im bürgerlichen Staat der Gegenwart — anders als im Staat des vormonopolistischen Kapitalismus — die unterschiedlichsten Verbände und Organisationen auf den Staat, dessen Politik und Gesetzgebung Einfluß zu nehmen suchen. Die Konstruktion, dies sei Ausdruck der Entwicklung zum Verbändestaat, in dem die Macht zwischen den Verbänden aufgeteilt und die Gesetzgebung die Resultante ihres Einflusses ist, hält jedoch keiner ernsthaften Prüfung stand.

All diese Theorien interpretieren Veränderungen des Rechtsetzungsprozesses im staatsmonopolistischen Kapitalismus auf eine Weise, die den erkenntnismäßigen Zugang zum Kern der Sache: der Verflechtung der Macht der Monopole mit der Macht des Staates, versperren soll.

In der tagtäglichen Propaganda der bürgerlichen Massenmedien und in der staatswissenschaftlichen Argumentation ist die Verbändetheorie zur wichtigsten Konstruktion geworden, um die komplexe Verflechtung von Monopolkapital und Staat zu kaschieren. Dies geschieht dadurch, daß unter dem Dach dieser Theorie qualitativ völlig verschiedene Prozesse vereinigt werden. Die Interessenverbände, so wird erklärt, würden „als unverzichtbare ‚Transmissionsriemen' gesellschaftlicher Interessen am politischen Meinungs- und Willensbildungsprozeß mit(wirken)".[1]

Das Zusammenwirken von Monopolrepräsentanten und Vertretern der Regierungsbürokratie, die Reaktion des bürgerlichen Staates auf Rechtsforderungen der Arbeiterklasse, die institutionelle Bindung der Gewerkschaften an das politische System des Imperialismus, politische und gesetzgeberische Aktivitäten karitativer, sozialpolitischer, kultureller, sportlicher Vereinigungen werden damit auf eine Formel gebracht, die das Wesen des politischen Willensbildungsprozesses im Kapitalismus nicht aufdeckt, sondern tarnt. Der Einfluß der Tierschutzvereine auf entsprechende gesetzgeberische Maßnahmen, der Widerstand der Katholischen Kirche gegen eine Fristenregelung bei Schwangerschaftsunterbrechungen u. ä. m. erscheinen danach in der gleichen Rubrik wie die Kontrolle der Gesetzgebung seitens der Monopolverbände.

Ohne Zweifel haben bürgerliche Politologen gerade in der BRD ein umfangreiches empirisches Material zum Gesetzgebungsprozeß zusammengetragen. Immer dort jedoch, wo das Zusammenwirken von Monopolkapital und Regierungsinstitutionen zur Sprache kommt, bleiben ihre Aussagen ausgesprochen verschwommen, wird lapidar auf den „Einfluß" *auch* der Unternehmerverbände verwiesen oder gar abwehrend behauptet, „man könne den Einfluß des Kapitals auf die Politik in Bonn hinsichtlich seiner Methoden nicht feststellen".[2]

Die Konstruktion von der „Herrschaft der Verbände" ist eine der zahlreichen tauben Blüten am Baum der bürgerlichen Politikwissenschaft. Allein dann, wenn man die Dialektik von Ökonomie und Politik im staatsmonopolistischen Kapitalismus zum Ausgangspunkt nimmt und die spezifische Rolle der Unternehmerverbände von allen anderen Erscheinungen der Einflußnahme auf gesetzgeberische Maßnahmen abhebt, können die entscheidenden Merkmale des Gesetzgebungsprozesses im staatsmonopolistischen Kapitalismus aufgedeckt werden.

I.

Der Gesetzgebungsprozeß im staatsmonopolistischen Kapitalismus, die Formulierung und Sanktionierung von allgemeinverbindlichen Normen in Gestalt des Rechts sind Teil der staatlichen Machtausübung des Monopolkapitals. Gerade für die BRD ist typisch, daß das parlamentarische Regierungssystem weitgehend von einer mächtigen Regierungsbürokratie beherrscht wird und mit einem kaum überschaubaren Mechanismus konsultativer Institutionen zwischen Staatsspitze und Unternehmerverbänden verknüpft ist.

Die These bürgerlicher Politologen, der Bundestag sei in Wirklichkeit ein „‚Resonanzboden' in einem umfassenderen Kommunikations- und Pressuresystem"[3], trifft nicht das Wesen der Sache. Sie verdeckt, daß es Unterschiede *grundsätzlicher Art* zwischen dem Inhalt und den Mechanismen der Verflechtung zwischen dem kapitalistischen Staat und den Unternehmerverbänden als Teil des politischen Machtsystems der Monopolbourgeoisie und der Einflußnahme der Gewerkschaften bzw. bestimmter anderer

Organisationen auf gesetzgeberische Maßnahmen gibt. Wenn Staatswissenschaftler der BRD einräumen, „ein erheblicher Einfluß der Verbände auf die Gesetzgebung" sei nicht zu bezweifeln,[4] so ist das nicht einmal die halbe Wahrheit. Denn dadurch, daß in dieser oder jener Modifikation die „Herrschaft der Verbände" als klassenneutrale oder Klasseninteressen überbrückende politische Willensbildung hingestellt wird, wirkt die Konstruktion vom Verbändestaat lediglich als Schutzschild. Sie verdeckt die tatsächlichen Machtverhältnisse und ergänzt insofern die traditionelle Argumentation der bürgerlichen Staatslehre, die Gesetzgebung sei das Werk des „im Auftrage des Volkes" und „des Gemeinwohls" handelnden Parlaments.

Die besondere Stellung der Unternehmerverbände im politischen System des Imperialismus wie auch speziell im Gesetzgebungsprozeß ergibt sich aus zwei Faktoren:

Erstens sind die Unternehmerverbände als direkte Vertretungsorganisationen der Produktionsmittelbesitzer, speziell deren monopolistischer Fraktion, keine Kontrahenten, sondern Partner des kapitalistischen Regierungsapparates. Beide orientieren sich grundsätzlich an der Profitlogik der kapitalistischen Gesellschaft und suchen die bestehenden Gesellschaftsverhältnisse zu verewigen. Die Unternehmerverbände fordern keine politischen und sozialen Veränderungen gegen den gesellschaftlichen Status quo wie die Gewerkschaften. Sie beschränken sich nicht auf drittrangige, gesellschaftspolitisch wenig bedeutsame Fragen wie Denkmalschutzvereine oder Sängerbünde. Sie treten als Verteidiger der gesamtwirtschaftlichen und politischen Interessen der ökonomisch und staatlich herrschenden Monopolbourgeoisie auf. Sie begeben sich nicht auf den „Marsch durch die Institutionen", um die Macht zu erobern. Sie haben die Macht, setzen sie ein und verteidigen sie. Legitimiert durch die Geschäftsordnungen des Bundestages und der Bundesministerien, üben sie zudem ein dirigistisches Wächteramt hinsichtlich der Gesetzgebung aus.

Zweitens haben die Spitzenverbände der Unternehmer in der BRD einen eigenen Apparat entwickelt, der den gesamten Gesetzgebungsprozeß beobachtet, mitgestaltet und außerdem dann — nicht selten in spektakulärer Weise — eingreift, wenn unter dem Druck der Volksmassen politische und soziale Reformen die Profit- und Machtinteressen der Monopole tangieren. Dieser Apparat erhält seine Wirksamkeit dadurch, daß er fest mit der Regierung, der Regierungsbürokratie und den parlamentarischen Institutionen verbunden ist. Keine anderen Verbände überwachen in dieser Weise den Gesetzgebungsprozeß von der Erarbeitung der Referentenentwürfe bis hin zu den Beratungen in den Bundestagsausschüssen.

Die Hauptfelder der Zusammenarbeit zwischen Staat und Unternehmerverbänden sind die Regierungsbürokratie und die Regierung. Dort wird die überwiegende Mehrzahl der geplanten gesetzgeberischen Vorhaben ausgearbeitet. In der 7. Legislaturperiode des Bundestages (1972 bis 1976) gingen 82,8 Prozent der verabschiedeten Gesetze auf Vorlagen der Bundesregierung zurück und lediglich 12 Prozent auf Gesetzesinitiativen des Bundestages. Nicht selten werden überdies Abgeordnete der Regierungsparteien für die Einbringung eines in den Ministerien ausgearbeiteten Gesetzentwurfs gewonnen, um die Festlegung des Grundgesetzes zu umgehen, Gesetzentwürfe der Regierung zunächst dem Bundesrat zuzuleiten. Außerdem liegt die Ausarbeitung von Verordnungen völlig in den Händen der Ministerialbürokratie. „Insgesamt wird man", wie der Professor für Politikwissenschaft an der Universität Konstanz, Thomas Ellwein, unterstreicht, „in der Hauptsache *drei Arten von Gesetzen* unterscheiden: solche, die die geltende Rechtsordnung grundlegend ergänzen, umfangreiche Verwaltungsvorschriften enthalten oder Einzelmaßnahmen dienen, solche, durch die Interessen einzelner Gruppen befriedigt werden, und solche, die aus welchen Gründen auch immer in besonderer Weise politisch umstritten sind. Die erste Gruppe wird stets von der Regierung vorgelegt, die zweite meistens, bei der dritten wird das Parlament eher aktiv, wenn ... nicht der politische Führungsanspruch der Regierung in dem Entwurf zum Ausdruck kommt."[5]

Die von den Referenten in den Ministerien, die jeweils für bestimmte Sachgebiete (Referate) zuständig sind, ausgearbeiteten Entwürfe zu wirtschaftspolitisch relevanten Fragen werden durchweg zunächst den Unternehmerverbänden zur Stellungnahme zugeleitet. Danach wird ein zweiter Referentenentwurf ausgearbeitet, und erst dieser geht dann anderen Ministerien zur Stellungnahme zu.[6] Bei bedeutenderen Gesetzesvorhaben steht der Weg zur Bundesregierung offen. „Die Bundesregierung will — und die letzte Bundesregierung hat das sogar wesentlich verstärkt — die Verbände bei der Vorbereitung ihrer Gesetzesvorlagen hören."[7] Nach der Dezemberausgabe 1977 der Unternehmerzeitschrift „Capital" ist es die übliche Praxis, „daß die Regierung kein für die Wirtschaft wichtiges Gesetz formuliert, ohne daß der Kanzler vorher die Unternehmer befragt hätte".

Bereits in der Weimarer Republik bildete sich angesichts der wachsenden Aktivitäten des imperialistischen Staates im Bereich der Wirtschaft ein System institutioneller und personeller Beziehungen zwischen Unternehmerverbänden und Regierungsbürokratie heraus, das nach der Gründung der BRD übernommen und ausgebaut wurde. Dieses System hatte 1926 seine staatsrechtliche Sanktionierung durch die auf Gustav Stresemann zurückgehende Neuformulierung der §§ 27 und 29 der Gemeinsamen Geschäftsordnung der Reichsministerien erhalten. Dort wurde schon den Unternehmerverbänden das Recht eingeräumt, an Gesetzentwürfen im Stadium ihrer Ausarbeitung in den Ministerien mitzuarbeiten, bevor die Reichstagsabgeordneten diese zu Gesicht bekamen. Und bereits damals existierten auch vielfältige beratende Institutionen (Arbeitskreise, Ausschüsse, Beiräte) bei den Ministerien, in denen die Kapitalvertreter eine führende Rolle spielten.

Seit dem 1. August 1958 gibt es analoge Bestimmungen in der Gemeinsamen Geschäftsordnung der Bundesministerien. Nach § 23 Abs. 1 der Geschäftsordnung der Bundesministerien (GGO) ist vorgesehen, „Vertretungen der beteiligten Fachkreise" zur „Beschaffung von Unterlagen" für die Vorbereitung von Gesetzen heranzuziehen. § 77 präzisiert, daß die Ministerien lediglich mit den „Zentral- und Gesamtverbänden" und nicht mit den gebietlichen Unterverbänden verkehren. Beiräte sollen nach § 62 der GGO bei den Ministerien „nur für Arbeitsgebiete von größerer Bedeutung" gebildet werden. Anfang der siebziger Jahre bestanden bei den Bundesministerien über 260 derartige Gremien. Ihnen gehören etwa 1000 direkte Abgesandte aus Industrie und Handel und über 800 Wissenschaftler an, die ebenfalls zu einem beträchtlichen Teil mit der „Wirtschaft" liiert sein dürften.[8] „Beiträge, Ausschüsse, Expertengruppen und wissenschaftliche Gremien haben zur Folge, daß die Gesetzgebung außerhalb und neben dem Parlament auf der Ebene der mit den Unternehmerverbänden kooperierenden Regierungs- und Ministerialbürokratie ‚ausgehandelt' wird."[9]

Die Spitzenvereinigungen des Monopolkapitals schufen in den fünfziger und sechziger Jahren die organisatorischen Voraussetzungen, um eine ständige Kontrolle über den Gesetzgebungsprozeß ausüben zu können: „... die Hauptgeschäftsstellen der Spitzenverbände (sind) in der Regel wie die Bundesministerien gegliedert".[10] Vier Hauptabteilungen, 16 Abteilungen und die Arbeitskreise und -ausschüsse des Bundesverbandes

der Deutschen Industrie beschäftigen sich unter anderem mit folgenden Komplexen der Gesetzgebung und Staatspolitik: Allgemeine Wirtschafts-, Wettbewerbs- und Unternehmensfragen; Industrieforschung und Berufsausbildung; Energie- und Atomwirtschaft; Verkehrspolitik; Öffentliches Auftragswesen/Verteidigungswirtschaft; Steuern und Finanzpolitik; Bau-, Boden- und Wohnungsrecht; Umweltfragen, Wettbewerbsordnung; Außenhandel, gewerblicher Rechtsschutz; GmbH-Recht; Unternehmensrecht. In der Bundesvereinigung der Arbeitgeberverbände haben mindestens sechs Abteilungen Rechtsfragen als Aufgabengebiete: Abteilung II Arbeitsrecht und arbeitsrechtliche Gesetzgebung, Abteilung IIa Wirtschafts- und Sozialverfassung, Abteilung III Lohn- und Tarifpolitik, Abteilung IV Arbeitsmarkt, Arbeitslosenversicherung, Frauenarbeit u. ä., Abteilung VI Soziale Sicherung, Abteilung VII Soziale Betriebsgestaltung.[11]
Im zentralen Apparat der Verbände des Monopolkapitals — Bundesverband der Deutschen Industrie (BDI), Bundesvereinigung der Deutschen Arbeitgeberverbände (BDA) und Deutscher Industrie- und Handelstag (DIHT) — sowie in dem vom BDI geschaffenen Institut der deutschen Wirtschaft sind mehr als 750 hauptamtliche Mitarbeiter tätig. Die Zahl der Angestellten der Unternehmerverbände insgesamt wird auf 120000 geschätzt. In den zentralen 146 verbandsinternen Arbeitskreisen und -gruppen des BDI, BDA und DIHT sind mehrere tausend Unternehmer und Verbandsbeauftragte vertreten.[12]

Lenins Bemerkung „Heute Minister — morgen Bankier; heute Bankier — morgen Minister“[13] fand im Jahre 1977 seine wortwörtliche Bestätigung, als Wirtschaftsminister Hans Friderichs als Vorstandsvorsitzender zur Dresdner Bank überwechselte und Otto Graf Lambsdorf, einst Generalbevollmächtigter einer Privatbank, seinen Ministersessel einnahm. Im Wirtschafts- und Finanzministerium der BRD haben die mit den Unternehmerverbänden liierten Beamten und Politiker das Heft fest in der Hand.

Eine Analyse des Zusammenwirkens von Unternehmerverbänden und Ministerialbürokratie im Rechtsetzungsprozeß ergibt, daß eine *detaillierte Abstimmung* insbesondere in bezug auf alle wirtschafts- und sozialpolitischen Gesetze erfolgt; das sind über 50 Prozent aller Gesetze! Dies bestätigen auch vom BDI gegebene Informationen hinsichtlich der „wichtigsten Eingaben“ zu Fragen der Gesetzgebung.[14] Bezeichnend ist zunächst, daß von den in der Zeit von Januar 1974 bis April 1975 gemachten 191 Eingaben dieser Art rund 75 Prozent an Bundesministerien und Bundesbehörden und lediglich etwa 10 Prozent an den Bundestag und dessen Ausschüsse gingen. Von den an die Exekutivorgane gerichteten Eingaben gingen mehr als 50 Prozent an die Ministerien für Wirtschaft und für Finanzen, 20 Prozent an das Justizministerium und jeweils fünf Prozent an die Bundesministerien des Innern, für Wissenschaft und Bildung, für Arbeits- und Sozialordnung, für Verteidigung und für Verkehr.

Der BDI nahm mit diesen Eingaben beispielsweise zu folgenden gesetzgeberischen Vorhaben Stellung: zur Erweiterung der Meldepflicht über deutsche Auslandsinvestitionen und ausländische Investitionen im Bundesgebiet (April 1975), zur Umwandlung von Kartellordnungswidrigkeiten in Straftaten (Dezember 1974), zum Entwurf eines Gesetzes zur Verbesserung der betrieblichen Altersversorgung (April 1974), zum Mitbestimmungsgesetzentwurf (Dezember 1974), zum Entwurf einer ersten Verordnung über die Beförderung gefährlicher Güter auf der Straße (April 1974), zum Entwurf eines neuen Berufsbildungsgesetzes (März 1975), zum Entwurf eines Gesetzes über die Umweltverträglichkeit von Wasch- und Reinigungsmitteln (August 1974), zum Referentenentwurf zur Bekämpfung der Wirtschaftskriminalität (September 1974), zur Exportfinanzierung — Auszahlung gebundener Finanzkredite (April 1975).

Ebenso beherrschen die Unternehmerverbände die wirtschaftspolitisch wichtigen Ausschüsse des Bundestages. Insgesamt wird die Zahl der Vertreter der großen Monopole und deren Verbände im 8. Bundestag auf 130 bis 140 geschätzt. In den Bundestagsausschüssen für Wirtschaft und Finanzen stellen sie die Mehrheit der Ordentlichen Mitglieder. Im Sinne der Unternehmerverbände greifen sie auch im Stadium der parlamentarischen Beratung korrigierend in die Gesetzgebung ein und erreichen in aller Regel, daß gesetzliche Bestimmungen, die den offenen Protest der Unternehmerverbände hervorgerufen haben, zu Fall gebracht werden.[15] Die Praxis, daß Vertreter der Verbände auch in öffentlichen Anhörungen in den Bundestagsausschüssen ihre Position zu Gesetzentwürfen vortragen können, wurde vom 5. und 6. Bundestag ausgebaut (4. Bundestag: 6 Anhörungen, 5. Bundestag: 58, 6. Bundestag: 80) und modifiziert. Alle Verbände, die an parlamentarischen Beratungen teilnehmen wollen, müssen seitdem beim Bundestag registriert sein. In einer ersten Liste derartiger Verbände, die in der Beilage des Bundesanzeigers vom 24. Januar 1974 enthalten ist, werden allein 351 Unternehmer-, Handwerks- und Landwirtschaftsverbände (54,5 Prozent aller registrierten Verbände) genannt.

II.

Im Kapitalismus der freien Konkurrenz und selbst Anfang dieses Jahrhunderts war es die vorrangige Aufgabe des kapitalistischen Staates, für „die innere Ordnung" zu sorgen und die außenpolitischen Interessen der Bourgeoisie wahrzunehmen. Die Zusammenarbeit zwischen Kapitalistenklasse und Regierungsapparat vollzog sich ganz wesentlich über den politischen Willensbildungsprozeß zwischen den Fraktionen der Bourgeoisie im bürgerlichen Parlament.

Die Ausdehnung der Aufgaben des bürgerlichen Staates im Imperialismus veränderte diese Situation erheblich. Der Staat greift heute ständig im Interesse der Monopole in den Wirtschaftsablauf ein. Er tritt in einer ganz anderen Qualität als ökonomische Potenz, als Besitzer von Produktionsmitteln, als Investor, als Käufer der in den kapitalistischen Betrieben produzierten Waren, als größter Bankier auf. Sein Haushalt umfaßt nicht mehr wenige Prozent, sondern zwischen 25 und 45 Prozent des Bruttosozialprodukts. Unter dem Druck der Volksmassen weitete der bürgerliche Staat auch seine sozialpolitische Tätigkeit aus. Konfrontiert und herausgefordert durch den real existierenden Sozialismus, muß er sich den wirtschaftlichen und gesellschaftspolitischen Problemen des 20. Jahrhunderts stellen. Er reagiert auf die Zwänge und Widersprüche mit Maßnahmen zur Regulierung des Klassenkampfes. Er bemüht sich um ein Gesamtkonzept, das die anstehenden gesellschaftlichen Konflikte mildern und der sichtbaren Verschärfung aller Widersprüche des Kapitalismus entgegenwirken soll. Damit entstanden im staatsmonopolistischen Kapitalismus Aufgaben im Gesetzgebungsprozeß, die nach der Formulierung eines eng mit der Konzernpresse der BRD liierten Publizisten „zu ernst (sind), als daß man sie den Vollblutpolitikern allein überlassen könnte".[16]

Die Bourgeoisie kann in der Tat wesentliche Aufgaben des Regierens weniger denn je allein den staatlichen Organen überlassen. Über die Zusammenarbeit mit den Ministerien, mit den Ministern, Partei- und Fraktionsführungen und mit den parlamentarischen Gremien ist sie ein ständiger Partner des Gesetzgebungsprozesses geworden,

den sie mittels ihres Apparates überwacht, um jederzeit korrigierend eingreifen zu können. Zugleich handeln die Ministerialbeamten und führenden Politiker weiterhin als relativ eigenständige politische Gruppierung. Die Regierung als zentrale Institution des Staates hat sich nach wie vor ein nicht unbeträchtliches Maß an Selbständigkeit bewahrt. Dies rührt daher, daß der kapitalistische Staat stets die Gesamtinteressen bürgerlicher Herrschaft im Auge haben muß. Die Unternehmerverbände hingegen treten nicht selten direkt und offen als Vertreter spezifischer Belange der einflußreichsten Kreise des Monopolkapitals auf. Es kommt notwendig immer wieder zu bestimmten Meinungsverschiedenheiten, und zwar sowohl um konzeptionelle Fragen der Rechtsetzung als auch um Detailaspekte rechtlicher Regelungen. Diese werden auch dadurch geprägt, daß die Regierung bisweilen gezwungen ist, bestimmte Forderungen von Monopolgruppen zurückzuweisen und den Interessen der Volksmassen partiell Rechnung zu tragen.

Bürgerliche Politologen, die sich weigern, den normalen, alltäglichen Mechanismus des Zusammenwirkens von Staat und Monopolvertretern aufzudecken, lenken die Aufmerksamkeit auf derartige Kontroversen (zum Beispiel um das 1976 verabschiedete Mitbestimmungsgesetz oder um das von den Ölkonzernen abgelehnte und dennoch im Januar 1976 verabschiedete Benzin-Bleigesetz) und verklären sie häufig gar als Abwehr „von Einflüssen der wirtschaftlich Mächtigen“ durch den „demokratischen Staat“.

Die relative Selbständigkeit des bürgerlichen Staates, sein Spielraum auch in den Fragen der Gesetzgebung hat nichts mit einer Unabhängigkeit gegenüber den Kapitalinteressen zu tun. Wer diesen Umstand — wie offensichtlich gerade sozialdemokratische Politiker — nicht berücksichtigt, wer sich der sozialreformistischen Illusion hingibt, mittels des Rechts die Unternehmer auf die Interessen der Bevölkerung festlegen zu können, der wird unausweichlich desillusioniert. Subjektive Enttäuschungen müssen dabei durchaus nicht in klassenmäßige Einsichten umschlagen. So bringt der SPD-Politiker Erhard Eppler das Kunststück fertig, eigene als Minister in Bonn gemachte negative Erfahrungen noch mit Verbalinjurien gegen die „Stamokapanhänger“ zu versehen, wobei er inhaltlich deren Einschätzungen zustimmen muß: „Es gibt Vorgänge — etwa im Zusammenhang mit der Reform der Berufsausbildung —, die man, hätten sie nicht tatsächlich stattgefunden, der krankhaften Phantasie verklemmter Stamokapanhänger hätte zuschreiben wollen. Wer selbst sechs Jahre lang immer von neuem die Grenzen des Handlungsspielraums einer parlamentarisch-demokratischen Regierung zu ertasten versucht hat, dürfte vor übertriebenen Hoffnungen gefeit sein.“[17]

In den Grenzen des Handlungsspielraums einer sozialdemokratisch geführten Bundesregierung liegt es zweifellos, diese oder jene sozialpolitische Maßnahme auch hin und wieder gegen den Standpunkt der Unternehmerverbände durchzusetzen. Wenn indes Kapitalinteressen ernsthaft gefährdet erscheinen, dann geht die folgende Auseinandersetzung immer zugunsten der Unternehmer aus. So erreichte es z. B. die pharmazeutische Industrie im Jahre 1975 ohne Schwierigkeiten, die in einem Referentenentwurf zum Arzneimittelgesetz — dem dann beschlossenen Gesetz zur Neuordnung des Arzneimittelrechts vom 24. August 1976 (BGBl. I S. 2445) — an die Anerkennung von neuen Arzneimitteln geknüpfte Bedingung, das Mittel müsse „nach dem jeweiligen Stand der wissenschaftlichen Erkenntnis hinreichend gesichert“ sein, durch die „Bedingung“ zu ersetzen, es müßten „belegbare praktische Erfahrungen“ vorliegen.[18] Seit Ende 1974 intervenierten die von einer Neuregelung betroffenen Industriezweige mehrfach gegen ein Abwasserabgabengesetz. Mit diesem Gesetz sollten durch Abgaben Anreize geschaffen werden, um umweltfreundliche Technologien einzuführen. Die Verschmutzer von Gewässern werden denn auch nach § 9 des Abwasserabgabengesetzes vom 13. September 1976 (BGBl. I S. 2721) nicht — wie ursprünglich vorgesehen — mit 25 DM pro Schadenseinheit im Jahr, sondern zunächst überhaupt nicht belangt. Ab 1981 sollen sie 12 DM pro Schadenseinheit zahlen, wobei Sachverständige darauf hinweisen, daß erst von einer Belastung mit 80 DM an überhaupt mit positiven Wirkungen zu rechnen wäre. In einem Schreiben vom 13. Januar 1975 drohten fünf Spitzenverbände der Unternehmer dem Bundeskanzler, sie würden 50000 Ausbildungsplätze weniger bereitstellen, wenn in dem Entwurf zur Neufassung des Bundesausbildungsförderungsgesetzes von 1971 — jetzt geltend in der Fassung vom 9. April 1976 (BGBl. I S. 989) — nicht wesentliche Bestimmungen (die Finanzierung der beruflichen Bildung durch eine Berufsabgabe aller Betriebe und die Mitbestimmung der Gewerkschaften auf den verschiedenen Ebenen der beruflichen Bildung) zurückgenommen würden. Sie wurden zurückgenommen. Dies geschah in einer der „ungezwungenen Plaudereien" von Konzernherren mit Bundeskanzler Helmut Schmidt im sogenannten Kanzler-Bungalow.[19]

Wenn gar Machtpositionen des Kapitals direkt in Frage gestellt werden, wie mit der Forderung von Jungsozialisten nach einer direkten Investitionskontrolle oder dem Verlangen von maßgebenden Vertretern des DGB, die Schlüsselindustrien zu vergesellschaften, so konnten es die Unternehmerverbände — nach allen bisherigen Erfahrungen — getrost der SPD-Führung überlassen, derartige Rechtsforderungen als angeblich „verantwortungslos" und „volkswirtschaftlich schädlich" zurückzuweisen.

III.

Neben jener Richtung der bürgerlichen Verbändetheorie, die schlechthin von „den Verbänden" spricht, gibt es eine andere, die den politischen Konkurrenzkampf zwischen Unternehmerverbänden und Gewerkschaften als entscheidenden Faktor der politischen Willensbildung hinstellt, so z. B. wenn behauptet wird: „Der gesellschaftspolitische Entscheidungsprozeß wird maßgeblich von der Organisation der wirtschaftlich orientierten Interessenverbände bestimmt."[20] Das Recht erscheint sodann als Kompromiß zwischen den „Sozialpartnern". Auch hier fällt auf, daß an reale Momente des Gesetzgebungsprozesses angeknüpft wird, um schließlich dessen Wesen zu verfälschen.

W. A. Tumanow weist m. E. völlig zutreffend darauf hin, „daß das Recht nicht unmittelbar und direkt aus der Struktur der Produktionsverhältnisse erwächst. Zwischen der ökonomischen Basis der Gesellschaft und dem Recht steht der Staat, dessen Aufgabe es ist, das Soziale in das Rechtliche umzusetzen."[21] Hieraus erwächst *erstens* eine gewisse Handlungsfreiheit des bürgerlichen Staates im Rahmen der sozialökonomischen Determiniertheit des Rechts. *Zweitens* resultiert daraus, daß der Gesetzgebungsprozeß selbst zum Feld der Klassenauseinandersetzung wird.

In den Auseinandersetzungen um Rechtsforderungen der Arbeiter in der BRD spielen die Gewerkschaften eine wichtige Rolle. Falsch wäre es allerdings — und davor scheuen zumeist selbst bürgerliche Soziologen zurück —, eine „Waffengleichheit" der Gewerkschaften mit den Unternehmerverbänden zu behaupten. Dem Mechanismus des Zusammenwirkens von Monopolen und Staat im Gesetzgebungsprozeß haben die Gewerkschaften nichts Ähnliches entgegenzusetzen.

Ebenso realitätsfern wäre es zu meinen, auf den Druck auch der Gewerkschaften zurückgehende gesetzgeberische Maßnahmen könnten das Wesen des bürgerlichen Rechts als Instrument zur Sicherung der Klasseninteressen des Kapitals aufheben. Das Recht spiegelt den Klassencharakter der bürgerlichen Gesellschaft wider, indem es der herrschenden Klasse dient. Errungene soziale und politische Teilzugeständnisse reflektieren die Intensität des Klassenkampfes und das tatsächliche innere Klassenkräfteverhältnis. Von der Arbeiterklasse in diesem Zusammenhang erzwungene Rechte, die direkt den bestehenden sozialökonomischen Verhältnissen widersprechen (z. B. das auch in einigen Landesverfassungen der BRD verankerte Recht auf Arbeit), laufen, falls sie nicht im Klassenkampf mit Leben erfüllt werden, leer, sie stehen nicht unter dem Schutz des kapitalistischen Staates.

All jene Rechte (Koalitionsfreiheit, allgemeines Wahlrecht, Legalität der Arbeiterparteien usw.) und sozialen Verbesserungen (wie 40-Stunden-Woche, Arbeitslosenunterstützung, Fortzahlung des Lohnes im Krankheitsfall), die seit Ende des 19. Jahrhunderts rechtlich fixiert wurden, waren keine Geschenke der Bourgeoisie. Sie sind von der Arbeiterklasse und deren Verbündeten erzwungen worden. Sobald jedoch bestimmte Rechte errungen sind, ist die Bourgeoisie und deren Staat bemüht, diese Rechte zu unterminieren und einzuschränken, aber auch sich dienstbar zu machen. Sie werden als Beweis für die Überwindung der Klassengesellschaft hingestellt und genutzt, um die Arbeiterklasse „zu integrieren“.

Die begrenzten Einflußmöglichkeiten der Gewerkschaften auf die Gesetzgebung in der BRD haben jedoch noch einen anderen Aspekt. Einige Institutionen staatsmonopolistischer Verflechtung, die die Monopole und deren Verbände in der BRD aufgebaut haben, werden zugleich als geeignet angesehen, um die Gewerkschaften an das politische System des Imperialismus zu binden. Die Mitgliedschaft von etwa 50 Prozent der Bundestagsabgeordneten in einer Gewerkschaft (darunter allerdings nur etwa 20 hauptamtliche Funktionäre), ihre Mitarbeit in einigen Beiräten bei der Bundesregierung, die Registrierung von 22 Gewerkschaften beim Bundestag und Gespräche von Gewerkschaftsführern mit dem Bundeskanzler und den Ministern in Bonn — all dies hat einen Doppelcharakter.

Positionen der Gewerkschaften in staatlichen Institutionen bieten zweifellos gewisse, wenn auch begrenzte Möglichkeiten, bestimmten Rechtsforderungen der Arbeiterklasse Gehör und Geltung zu verschaffen. Mittels dieser Institutionen wird allerdings von den herrschenden Kräften des Monopolkapitals eine enge Bindung der Gewerkschaften an das politische System des Imperialismus, ihre schließliche Umwandlung in einen Ordnungsfaktor des staatsmonopolistischen Kapitalismus angestrebt. Für einige „Zugeständnisse im Unwichtigen“ sucht sich so die Bourgeoisie die „Erhaltung des Wichtigen“ garantieren zu lassen.[22] Dies geschieht zudem in Organisationsformen, die eine Einflußnahme in engen Grenzen halten. Letzteres trifft auch für die den Gewerkschaften zustehende Befugnis zu, sich im Rahmen der Tarifautonomie mit den Unternehmerverbänden hinsichtlich der Lohn- und Arbeitsbedingungen auseinanderzusetzen und die erzielten Ergebnisse in Tarifverträgen rechtswirksam zu verankern.

Die zahlreichen Gewerkschaftsmitglieder im Bundestag sind weder bei Gesetzesinitiativen noch bei Abstimmungen jemals als Gruppierung, die sich hinter die Gewerkschaftsbeschlüsse stellt, in Erscheinung getreten. Im Unterschied zu den Unternehmerverbänden spielen die Gewerkschaften bei öffentlichen Anhörungen in den Bundestagsausschüssen eine mehr als bescheidene Rolle. Nur 3,4 Prozent der beim Bundestag registrierten Verbände sind Gewerkschaften. Bei der Beratung des Stabilitätsgesetzes im Jahre 1966 waren z. B. zwar 12 „Wirtschafts"vertreter, aber nur je ein Abgesandter des Deutschen Gewerkschaftsbundes (DGB) und der Deutschen Angestellten-Gewerkschaft (DAG) geladen, die überdies nur als Sachverständige für Fragen der Tarifpartnerschaft anerkannt wurden. Lediglich in solchen Beiräten wie der Sozialpolitischen Gesprächsrunde beim Bundesarbeitsminister und in der Konzertierten Aktion, die sich mit Problemen der Lohnpolitik, der Sozial- und Arbeitsmarktpolitik beschäftigen, sind Gewerkschaftsvertreter präsent. In anderen beratenden Gremien bei der Bundesregierung will man dagegen unter sich bleiben. Im Rüstungswirtschaftlichen Ausschuß beim Bundesverteidigungsministerium und dessen zwei Arbeitskreisen z. B. sind zwar acht Vertreter des BDI und fast alle großen Konzerne der BRD vertreten, aber kein einziger Repräsentant des DGB.

Typisch für das Ergebnis der Auseinandersetzung um Rechtsforderungen der Arbeiterklasse ist das am 18. Mai 1976 vom Bundestag verabschiedete Mitbestimmungsgesetz. Die Verabschiedung gerade dieses Gesetzes geht eindeutig auf den Druck der Arbeiterklasse und auf die Herausforderungen des Sozialismus in der DDR zurück, denen sich der Imperialismus der BRD zu stellen sucht. Dabei machte sich der DGB zum Sprecher der Arbeiterforderungen: „Die Arbeitnehmer wollen mitbestimmen, das heißt die Vorherrschaft des Kapitals brechen. Sie wollen mit Hilfe der Mitbestimmung Arbeitnehmerinteressen durchsetzen."[23] Der DGB forderte seit langem eine Ausdehnung der im Bereich der Montanindustrie 1951 geschaffenen paritätischen Mitbestimmung auf die Aufsichtsräte aller Großunternehmen, um dort hinsichtlich Investitionen, Arbeitskräfteentwicklung, Sozialpolitik usw. „die Entscheidungen der Großunternehmen und Konzerne einer demokratischen Kontrolle zu unterwerfen".[24]

Das neue Mitbestimmungsgesetz ist zwar in einigen sekundären Fragen (wie Erhöhung des Anteils der „Arbeitnehmer"vertreter im Aufsichtsrat; Beseitigung der Verpflichtung, daß die Aufsichtsratsmitglieder dem „Wohl des Unternehmens" zu dienen haben) den Forderungen des DGB entgegengekommen, jedoch unterhalb der Schwelle einer paritätischen Vertretung der Arbeiter. Die Kapitalvertreter stellen im Aufsichtsrat die Hälfte der Mitglieder, und sie können sich außerdem auf einen leitenden Angestellten stützen, der im Betrieb „Unternehmensfunktionen" ausüben muß. Der Aufsichtsratsvorsitzende, in aller Regel ein Vertreter des Kapitals, hat außerdem im Zweifelsfall zwei Stimmen. Arbeiter und Angestellte bestimmen ihre Kandidaten getrennt. Nur zwei bzw. drei Angehörige der „Arbeiternehmerbank" dürfen außerbetriebliche Gewerkschaftsvertreter sein.

Dieses Gesetz, das in dieser Fassung selbst formell den Herr-im-Hause-Standpunkt der Konzernherren keineswegs in Frage stellt, geht dennoch den Unternehmerverbänden schon zu weit. Auf Initiative des BDA forderten am 30. Juni 1977 30 Unternehmerverbände und acht Konzerne in einer Verfassungsbeschwerde an das Bundesverfassungsgericht, das Mitbestimmungsgesetz wegen angeblicher Verfassungswidrigkeit außer Kraft zu setzen. Von vornherein war nicht damit zu rechnen, daß diese Verfassungsbeschwerde zu einer derartigen Entscheidung führen würde. Dem Monopolkapital ging es in diesem Fall darum — und das Bundesverfassungsgericht entsprach im März 1979 diesen Erwartungen weitgehend —, den möglichen Ausbau des Mitbestimmungsrechts zu einem Instrument antimonopolistischer Gegenmacht zu untersagen.

Die bürgerliche Verbändetheorie bemüht sich um den Brückenschlag zwischen klassenmäßig völlig unterschiedlichen Tendenzen. Unter Hinweis auf die Notwendigkeit, eine überholte „Interessenprüderie“ zu überwinden, legitimiert sie gewissermaßen im Vorübergehen das Zusammenwirken zwischen Monopolkapital und Staat. Unter Berufung auf diese Theorie werden zugleich Scheinmanöver gestartet. Vorschläge zur „Demokratisierung der Einflüsse organisierter Interessen“ sollen von den tatsächlichen politischen Problemen ablenken. Die Grundfrage ist angeblich: „Läßt sich ihr Einfluß (der *der Verbände* — E. L.) aus der Anonymität herausholen?“[25] Politiker prangern zugleich den Machtverlust des „demokratischen Staates“ gegenüber der unkontrollierten „organisierten gesellschaftlichen Macht“ an.[26] Die CDU fordert in ihrer Mannheimer Erklärung vom Juni 1975 — mit deutlichem Blick auf die Gewerkschaften — die Einordnung der Verbände „in das gesellschaftliche Ganze und das Gemeinwohl“. All dies spiegelt sich auch in den gegenwärtig geführten Diskussionen um den Erlaß eines Verbändegesetzes in der BRD wider.

Eine Konsequenz des Rufes nach Offenlegung von Verbandsmaßnahmen ist die erwähnte offizielle Registrierung von Verbänden beim Bundestag. Notwendig sei überdies, so wird erklärt, daß „Stellungnahmen der Verbände“ den ministeriellen Begründungen bestimmter Gesetzentwürfe beizufügen sind.[27] Wie aus der Handhabung der Registrierungspflicht zu ersehen ist, führen derartige Regelungen weder zur Offenlegung der „Verbändeaktivitäten“ noch unter den gegenwärtigen Machtverhältnissen dazu, das Zusammenwirken von Monopolkapital und Regierungsbürokratie zu enttarnen. Als völlig realitätsfern erwies sich in der Vergangenheit die Festlegung in der Gemeinsamen Geschäftsordnung der Bundesministerien, wonach die Mitglieder der Beiräte (§ 62), die „von Organisationen kommen, weder als deren Vertreter tätig noch an Weisungen gebunden“ sein dürfen.

Unter dem Aspekt der Demokratisierung führen klassenindifferente Überlegungen, wie „die Verbände“ schlechthin zu kontrollieren sind, überhaupt nicht weiter. Die Forderung, die Verbände an das „Gemeinwohl“ zu binden, hat überdies einen eindeutig antigewerkschaftlichen Inhalt. Tatsächlich geht es für die Werktätigen um zweierlei: darum, die Macht des Monopolkapitals und deren Verbände aufzudecken und zurückzudrängen, sowie darum, Möglichkeiten zu schaffen, um den Einfluß der Gewerkschaften und aller demokratischen Organisationen auf die Gesetzgebung zur Geltung zu bringen. Das auf dem Mannheimer Parteitag 1978 beschlossene Programm der DKP geht davon aus, daß eine Wende zum demokratischen und sozialen Fortschritt zur Voraussetzung hat, „den beherrschenden Einfluß des Großkapitals auf Gesetzgebung und Verwaltung zu überwinden. Sie fordert die Offenlegung aller Eingaben und Gesetzesvorschläge der Konzerne und Unternehmerverbände, ihrer Verhandlungen mit Regierungen und Staatsbürokratie ... Sie fordert eine breite öffentliche Diskussion aller wichtigen Gesetzentwürfe sowie eine Verpflichtung der Parlamente und Regierungen, Vorschläge der Gewerkschaften und anderer demokratischer Organisationen zu berücksichtigen.“[28]

Anmerkungen

1 B. Blanke, Verbände in der Parteidiskussion, in: Aus Politik und Zeitgeschichte, Beilage zur Wochenzeitung „Das Parlament“ (Bonn), 8/1977, S. 47.

2 T. Ellwein, Staat und Verwaltung, in: Nach 25 Jahren, Hrsg. K.-D. Bracher, München 1970, S. 40.
3 H. J. Veen, Ein Forschungsraster für den Bundestag, Zeitschrift für Parlamentsfragen (Opladen), 2/1977, S. 267.
4 T. Ellwein, Das Regierungssystem der Bundesrepublik Deutschland, 4., völlig neubearbeitete Auflage, Opladen 1977, S. 144.
5 Ebenda, S. 264.
6 Vgl. F. Pilz, Einführung in das politische System der Bundesrepublik Deutschland, München 1977, S. 53.
7 So BRD-Bundeskanzler Helmut Schmidt vor dem Bundesverband des Deutschen Groß- und Außenhandels am 22. Oktober 1975 in Bad Godesberg, zit. nach: B. Blanke, Verbände in der Parteiendiskussion, in: Aus Politik und Zeitgeschichte, Beilage zur Wochenzeitung „Das Parlament" (a. a. O.), S. 53.
8 Vgl. Der Spiegel (Hamburg) vom 15. 1. 1973, S. 29f.
9 U. Jaeggi, Macht und Herrschaft in der Bundesrepublik, Frankfurt a. M. — Hamburg 1969, S. 115.
10 K. Kröger, Staat und Verbände, in: Aus Politik und Zeitgeschichte (a. a. O.), 9. Februar 1966, S. 10.
11 Vgl. W. Simon, Macht und Herrschaft der Unternehmerverbände, Köln 1976, S. 108ff.
12 Vgl. ebenda.
13 W. I. Lenin, Banken und Minister, in: Werke, Bd. 24, Berlin 1971, S. 108.
14 Vgl. W. Simon, Macht und Herrschaft der Unternehmerverbände, a. a. O., S. 92ff.
15 Vgl. E. Lieberam, Bundestagsparteien im politischen Machtmechanismus der BRD, Berlin 1974, S. 34f.
16 E. Nowottny, in: Capital (Hamburg), 1/1973, S. 74.
17 E. Eppler, Ende oder Wende, Berlin — Köln — Mainz 1975, S. 118.
18 F. Pilz, Einführung in das politische System der Bundesrepublik Deutschland, a. a. O., S. 240.
19 Vgl. Capital (Hamburg), 12/1977, S. 100.
20 F. Pilz, Einführung in das politische System der Bundesrepublik Deutschland, a. a. O., S. 217.
21 W. A. Tumanow, Karl Marx über den Klassencharakter des bourgeoisen Rechts, in: Festschrift für Eduard Rabofsky, Köln 1976, S. 100.
22 W. I. Lenin, Die Aufgaben des Proletariats in unserer Revolution, in: Werke, Bd. 24, a. a. O., S. 48.
23 Mitbestimmung jetzt, Hrsg. DGB-Bundesvorstand, Düsseldorf 1974, zit., nach: Der SPD-Orientierungsrahmen '85, Frankfurt a. M. 1975, S. 159.
24 Welt der Arbeit (Köln) vom 11. Juni 1976.
25 T. Ellwein, Das Regierungssystem der Bundesrepublik Deutschland, a. a. O., S. 146.
26 So Martin Bangemann, vgl. F. Pilz, Einführung in das politische System der Bundesrepublik Deutschland, a. a. O., S. 245.
27 So W. Hennis, vgl. T. Ellwein, Das Regierungssystem der Bundesrepublik Deutschland, a. a. O., S. 145.
28 Mannheimer Parteitag der Deutschen Kommunistischen Partei, Programm, Berlin 1979, S. 64.

Ninell S. Krylowa
(Moskau)

Haupttendenzen der rechtlichen Regulierung des Staatsdienstes im staatsmonopolistischen Kapitalismus

Das Anwachsen und die Aufblähung des Staatsapparates sind Tendenzen, die für den staatsmonopolistischen Kapitalismus kennzeichnend sind. Dieser Prozeß schreitet in mannigfaltigen Formen voran. Er vollzieht sich sowohl in Gestalt der Erhöhung der Ausgaben des Staates, die für seinen Unterhalt aufgewandt werden, als auch des zahlenmäßigen Anwachsens der Staats*organe* und einer zuvor nicht gekannten Zunahme der Anzahl der Staats*angestellten.*

In jedem einzelnen kapitalistischen Land hat sich der Staatsdienst unter spezifischen historischen Bedingungen entwickelt. In den USA und in Großbritannien war wegen einer Reihe von Ursachen bis zum letzten Viertel des 19. Jahrhunderts kein breit organisierter administrativer Dienst vorhanden. In anderen Ländern, wie z. B. in Frankreich und in Deutschland, hatte sich das Institut des Berufsbeamtentums schon in der Periode des Absolutismus herausgebildet. In allen kapitalistischen Ländern kann man aber seit dem Eintritt in das imperialistische Entwicklungsstadium ein ständiges Anwachsen der Zahl der Staatsbediensteten beobachten. Schon im Jahre 1917 waren sowohl England als auch die USA, die — nach den Worten Lenins — einst die angelsächsische „Freiheit" ohne ausgeprägten Militärapparat und Bürokratismus repräsentierten, völlig in den „Sumpf der bürokratisch-militärischen Institutionen hinabgesunken".[1]

Das Anwachsen des Beamtentums wird zu einer ständig wirkenden Tendenz in der Entwicklung des Staatsdienstes unter den Bedingungen des staatsmonopolistischen Kapitalismus. Dies trifft auf Staatsangestellte aller Kategorien zu und kommt sowohl in ihrem absoluten als auch in ihrem relativen Zuwachs zum Ausdruck. In den entwickelten kapitalistischen Ländern äußerte sich der relative Zuwachs der Staatsangestellten bis Mitte der 70er Jahre dieses Jahrhunderts in folgenden Zahlen: In den USA betrug ihre Anzahl im Jahre 1900 rund 1,3 Mio oder 4,2 Prozent der berufstätigen Bevölkerung und am Ende der 60er Jahre 12 Mio oder 12,4 Prozent aller Beschäftigten. In Großbritannien hat sich die Zahl der Angestellten, die in Ministerien und zentralen Behörden arbeiten, im Vergleich zu der Zeit Anfang des Jahrhunderts verzehnfacht; der Anteil aller Personen, die im Staatsdienst beschäftigt sind, macht 25 Prozent der gesamten arbeitsfähigen Bevölkerung des Landes aus. Ein gleiches Bild zeigt sich auch in anderen Ländern, so z. B. in der BRD. Dort beträgt der Anteil der Beamten an der berufstätigen Bevölkerung 5,6 Prozent und der Anteil sämtlicher Staatsangestellten 20 Prozent. Wenn sich die Zunahme der Zahl der Staatsangestellten in den letzten Jahren unter dem Einfluß verschiedener Faktoren — insbesondere der von breiten Bevölkerungskreisen ausgehenden Kritik, der Rationalisierung der Verwaltungstätigkeit, der Kostenersparnis — auch verlangsamt hat, so ändert dies nichts daran, daß die dargestellte Tendenz weiterhin ihre Bedeutung behält.

Parallel zum zahlenmäßigen Zuwachs erhöht sich auch die Rolle der Beamtenschaft bei der Verwirklichung der Aufgaben der staatsmonopolistischen Regulierung. In der Periode des aufsteigenden Kapitalismus umfaßte die Tätigkeit des Staatsapparates im wesentlichen die Funktionen der Unterdrückung der Arbeiterklasse und des inneren Schutzes der bestehenden Ausbeuterordnung sowie der Verteidigung und des Schutzes dieser Ordnung gegen Überfälle von außen. Die Rolle der Staatsangestellten beschränkte sich dementsprechend auf die Erfüllung der mit der Aufrechterhaltung der inneren Ordnung, mit der Steuererhebung und mit militärischen Fragen verbundenen Aufgaben. Eine erhebliche Zunahme der Rolle des Beamtentums erfolgte mit der Entwicklung des staatsmonopolistischen Kapitalismus und dem vielfältigen Einsatz des Staatsapparates bei der staatlichen und rechtlichen Regulierung der verschiedenen Seiten des gesellschaftlichen Lebens.

Die Erweiterung der Rolle des Beamtentums, die von der Herausbildung einer großen Armee anderer Staatsangestellter begleitet wird, stellt die herrschende Klasse vor ein Problem zweifacher Art. Einerseits wird die Effektivitätssteigerung des Staatsdienstes als eines wichtigen Instruments der staatsmonopolistischen Regulierung immer dringender. Andererseits sind mit dem enormen Anwachsen der Zahl der Staatsangestellten wichtige soziale Prozesse verbunden. Die gegenwärtige Beamtenschaft ist etwa im Vergleich zum vormonopolistischen Kapitalismus keine homogene soziale Gruppe mehr. Den überwiegenden Teil der *Staatsangestellten insgesamt* bilden Personen, die aus den Reihen der Werktätigen stammen. Sie sind dem Charakter ihrer Tätigkeit und ihrer sozialen Lage nach selbst Objekte der Ausbeutung durch den Staat und die Monopole. Das heißt, sie befinden sich in einer proletarischen oder halbproletarischen Position und nehmen daher zunehmend am Kampf der Arbeiterklasse um die Verbesserung der Arbeits- und Lebensbedingungen teil. Infolge dieser zunehmenden sozialen Differenzierung der im Staatsdienst Tätigen, die — wie gesagt — bis zur Polarisierung führt, wächst für die Finanzoligarchie die Aufgabe, die politische Zuverlässigkeit und „Staatstreue" der im sogenannten öffentlichen Dienst beschäftigten Personen und damit ihre Herrschaft zu gewährleisten.

Die Entwicklung des Staatsdienstes ist unter diesen Bedingungen in sich widersprüchlich, was im übrigen auch die politische Labilität des Kapitalismus unter den Bedingungen seiner allgemeinen Krise widerspiegelt. Einerseits erfordert die Aufrechterhaltung des kapitalistischen Systems der Profitwirtschaft die organisatorische und politische Konsolidierung des Staatsapparates — des Hauptinstruments im politischen System der Macht des Monopolkapitals. Andererseits wird dieser Apparat selbst zum Feld der Klassenauseinandersetzungen. Die Organisation des Staatsdienstes und sein weiterer Ausbau im Interesse der herrschenden Klasse erhalten damit eine deutlich ausgeprägte sozialpolitische Note.

I.

Die Erhöhung der Rolle des Staates und seiner Organe im Mechanismus des staatsmonopolistischen Herrschaftssystems geht mit einer bedeutenden *Zunahme der recht-*

lichen Regulierung und Reglementierung des Staatsdienstes einher. In den meisten entwickelten kapitalistischen Ländern ergingen nach dem zweiten Weltkrieg grundlegende Rechtsakte zur Regelung der Rechtsstellung der staatlichen Angestellten. So wurden in den USA durch das Klassifikationsgesetz von 1949, in Frankreich durch einen Erlaß vom 4. Februar 1959 und in der BRD durch das Bundesbeamtengesetz von 1953 (in der Fassung der in den Jahren 1965 und 1971 beschlossenen Änderungsgesetze) der Aufbau des staatlichen Dienstes, das Rang- und Vergütungssystem sowie die Beförderungsbedingungen der Staatsangestellten festgelegt.

Gleichzeitig führt die Anpassung des Staatsdienstes an die gegenwärtigen Bedingungen des staatsmonopolistischen Kapitalismus zu vielfältigen *Veränderungen* in der rechtlichen Regelung des Staatsdienstes. Obwohl die in der historischen Entwicklung der einzelnen Länder begründeten Besonderheiten in den rechtlichen Regelungen erhalten bleiben, ist insgesamt ein Prozeß der *Nivellierung* nationaler Unterschiede zu beobachten.[2]

Die Fragen der Organisation und Regulierung des Instituts des Staatsdienstes werden in allen kapitalistischen Ländern der Lösung der gemeinsamen und unter den gegenwärtigen Bedingungen für das Monopolkapital wichtigsten Aufgabe, der Konsolidierung und Effektivitätssteigerung der Staatsmaschinerie, untergeordnet. Dementsprechend vollzieht sich in allen entwickelten kapitalistischen Ländern ein Prozeß in Richtung auf die Verstärkung des Mechanismus der zentralisierten Lenkung dieses Apparates, des Ausbaus der hierarchischen Struktur und Kastenorganisation des Staatsdienstes, seiner politischen Zuverlässigkeit und Loyalität, der Einführung technokratischer Herrschaftsmodelle und neuer Methoden der Verwaltungstechnik sowie der Erweiterung organisatorisch-rechtlicher Formen, die die Verflechtung des Staatsapparates mit den Monopolen weiter verstärken sollen.

Die dabei zutage tretende Tendenz des Ausbaus der zentralen *Leitung* des Staatsdienstes und der *Koordinierung* seiner Tätigkeit kommt *erstens* in der Verstärkung der entsprechenden Funktionen der für allgemeine Leitungsaufgaben zuständigen Organe und *zweitens* in der Bildung von speziellen Ressortorganen zum Ausdruck. In den meisten kapitalistischen Ländern sind im Apparat der Ministerien und zentralen Behörden spezialisierte Einrichtungen für die Leitung des Staatsdienstes installiert worden. Ihnen werden in der Regel so bedeutsame Aufgaben übertragen wie die Ausarbeitung von allgemeinverbindlichen Richtlinien für die Personalpolitik, die Gewährleistung einer effektiven Tätigkeit der Beamtenschaft oder die Kontrolle über die Einhaltung der Prinzipien für die Einstellung, Beförderung und Vergütung der Staatsangestellten. Eine der wichtigsten Aufgaben dieser Organe besteht in der politischen Koordinierung der Tätigkeit des gesamten Staatsdienstes. Wachsende Bedeutung gewinnt darüber hinaus die Einführung von neuen Leitungsmethoden und von Verfahren der Verwaltungstechnik im Staatsapparat selbst. Die Rolle dieser Organe für die Leitung des Staatsdienstes wird dadurch unterstrichen, daß ihnen ein Sonderstatus eingeräumt ist und sie in der Regel dem Staatsoberhaupt oder der Regierung unmittelbar unterstellt sind.

In den *USA* ist die Bundeskommission für den Zivildienst das Hauptorgan für die Anleitung und Kontrolle der Mitarbeiter des Staatsdienstes. Ihre Kompetenzen reichen von der Überwachung der Anstellung von Staatsangestellten sowie ihrer Beförderung und beruflichen Qualifizierung bis zur Ausübung der Kontrolle über die politische Loyalität der Bundesbeamten. Sie hat auch anderen Einrichtungen des Bundes, z. B. in Fragen der Rationalisierung der Verwaltungsarbeit, die erforderliche Unterstützung zu gewähren. Die Bundeskommission ist dem Präsidenten unmittelbar unterstellt und ist damit praktisch das Organ des Präsidenten für die Festlegung und Durchsetzung der Richtlinien der Personalpolitik im Staatsapparat.

In *Großbritannien* oblag die Leitung des Staatsdienstes bis Ende der 60er Jahre dem Ministerium für Finanzen und wurde als ein Bestandteil der Finanzkontrolle über die Ausgaben des Staates betrachtet. Es orientierte sich bei der Erfüllung seiner Aufgaben im wesentlichen· an finanzökonomischen und -politischen Kriterien. Im Jahre 1968 erfolgte schließlich — nach amerikanischem Vorbild — die Bildung eines „Ministeriums für Angelegenheiten des Zivildienstes", dem die zentrale und komplexe Leitung des Staatsdienstes übertragen wurde.

Dieses Ministerium nimmt weitaus umfassendere Aufgaben wahr, als sie in der Hinsicht dem Ministerium für Finanzen oblagen. Es befaßt sich *erstens* mit Fragen der Personalführung, wie z. B. der Einstellung, Aus- und Weiterbildung, Beförderung, Versetzung in den Ruhestand und der Sozialversicherung der Staatsangestellten. *Zweitens* widmet es sich den Fragen der Organisation („Management"), wozu die Verbesserung der Verwaltungstechnik und die allgemeine Kontrolle über die Organisation der Ministerien gehören. *Drittens* besteht seine Aufgabe in der Festlegung der Arbeitsbedingungen der Staatsangestellten (z. B. ihrer Dienstbezüge, Arbeitszeit und ihres Urlaubs), wobei das Ministerium die Besoldungs- und Pensionspolitik nicht nur in bezug auf die Angestellten der Ministerien und zentralen Behörden, sondern auch für die Angestellten der Streitkräfte, der Polizei, der verstaatlichten Unternehmen und die Lehrkräfte an den Schulen koordiniert. Die besondere Position dieses Ministeriums zeigt sich insbesondere darin, daß es vom Premierminister geleitet wird. Wenn dieser auch mit der unmittelbaren Leitung des Ministeriums ein Mitglied seines Kabinetts beauftragt, so behält er sich doch die Entscheidung grundsätzlicher Fragen des Staatsdienstes und der Ämterbesetzung vor.

In *Frankreich* obliegen diese Aufgaben dem Generaldirektor für Verwaltung und öffentlichen Dienst, der dem Amtsbereich des Premierministers zugeordnet ist. Auch dieser Behörde sind weitreichende Befugnisse bei der rechtlichen Regelung der Stellung der Staatsangestellten und bei der Kontrolle ihrer praktischen Wirksamkeit zugewiesen.

II.

Die Anpassung des Staatsdienstes an die Bedingungen der staatsmonopolistischen Regulierung führt zu bestimmten Veränderungen in seiner Struktur, z. B. hinsichtlich der Qualifikation und Spezialisierung der Angestellten und der Stimulierung ihrer Arbeit. Die Grundprinzipien des Aufbaus und der Wirkungsweise des bürokratischen Apparates bleiben jedoch unverändert. So wird in allen kapitalistischen Ländern die besondere Rechtsstellung der Beamtenschaft beibehalten, ebenso ihre rangmäßige Gliederung und die stark ausgeprägte Absonderung der höchsten bürokratischen Kaste von allen übrigen Kategorien. Vielfältige rechtliche Maßnahmen sind außerdem auf die ständige Festigung der Rolle der Beamtenelite gerichtet.

Der öffentliche Dienst in *Frankreich* kann als *typisches Beispiel* für den Staatsdienst eines entwickelten kapitalistischen Landes bezeichnet werden. Trotz aller Änderungen, die in seiner rechtlichen Ausgestaltung vorgenommen wurden, blieb die hierarchische, nach Kasten gegliederte Struktur des öffentlichen Dienstes grundsätzlich erhalten. Für die Kennzeichnung der Angestellten, die in Ministerien und zentralen Behörden beschäftigt sind, wird der Begriff „Beamter" („fonetiennaire") weiter verwendet, für den bekanntlich ein privilegierter Rechtsstatus begründet wurde. Der Beamte wird als Amtsperson des Staates, als Repräsentant der staatlichen Macht betrachtet, dessen Stellung sich von allen übrigen Kategorien der Staatsangestellten unterscheidet.

In der *BRD* gibt es ebenfalls den Begriff des „Beamten". Der Rechtsstatus der Beamten wird hier durch das Bundesbeamtengesetz bestimmt. Der Beamte wird als Diener, als Organ, als Vertreter des Staates angesehen. Daraus resultiert, daß die Rechtsposition des Beamten in erster Linie auf die Erfüllung seiner „Treuepflicht" gegenüber dem Staat ausgerichtet ist.

In den *USA* und in *Großbritannien* gibt es den Begriff „Beamter" nicht, doch wurde auch hier eine Reihe von rechtlichen Regelungen und Maßnahmen zur Schaffung einer besonderen Rechtsstellung bestimmter Kategorien der Staatsangestellten getroffen. In den USA bilden die Angestellten der Ministerien und Behörden die besondere Kategorie der „Zivilangestellten". In Großbritannien gehören sie ebenfalls zum „zivilen Dienst", der speziellen Rechtsnormen unterliegt.

Der bürokratische Dienst bildet eine komplizierte hierarchische Pyramide, die nach dem Prinzip der Rangordnung aufgebaut ist. So gliedern sich in den USA die Funktionen der Staatsangestellten in 18 Klassen auf. Die ersten acht Klassen sind für die ausführenden Personen, die Klassen 9 bis 14 für das mittlere leitende Personal sowie für das technische Hilfspersonal mit besonderer Qualifikation und die Klassen 15 bis 18 für die höchsten Rangstufen vorgesehen. Die vertikale Schichtung der Staatsangestellten unterscheidet sich wenig von ihrer Gliederung nach Rängen und Titeln. Die Rangstufe, in die ihre Funktion eingeordnet ist, bestimmt letztlich die allgemeine Stellung des Staatsangestellten in der dienstlichen Hierarchie, verleiht ihm ein bestimmtes amtliches Ansehen und hebt ihn aus der Masse der anderen Angestellten heraus. Aus ihr ergeben sich auch die Höhe der Bezüge und der Umfang der ihm gewährten Privilegien. Die Versetzung eines Angestellten in die höchste Amtsklasse führt nicht nur zu einer Veränderung seines Dienststatus, sondern auch seiner sozialen Stellung.

In Großbritannien wurde im Jahre 1971 das bis dahin geltende, sehr differenzierte System von „Klassen" und Rängen abgeschafft. Die staatlichen Angestellten werden seither in drei *Hauptgruppen* untergliedert.

Die *erste* ist die „der politischen und administrativen höheren, Führungskräfte", die aus den Beamten der drei höchsten Stufen der früheren obersten Klasse gebildet wurde. In diese sind etwa 1500 der höchsten Beamten einbezogen.

Die *zweite* Hauptgruppe, die sogenannte „verwaltende Gruppe", setzt sich aus den Beamten der restlichen Stufen der ehemals obersten Klasse sowie den Beamten der vollziehenden und Kanzleiklasse zusammen. Sie zählt rund 200000 Personen, was 40 Prozent der Staatsangestellten entspricht. Die Angehörigen dieser größten Gruppe von Staatsdienern können einen sehr umfangreichen Kreis von Dienststellungen einnehmen (Sekretäre, Assistenten, aber auch Verwaltungsbeamte, die reine Kanzleipflichten ausüben).

Zur *dritten* Hauptgruppe gehören die wissenschaftlichen Mitarbeiter und die technischen Spezialisten; das technische Hilfspersonal rangiert als unterste Kategorie.

Die Reform des Staatsdienstes hat die hierarchische Struktur des „zivilen Dienstes" im Prinzip unberührt gelassen. Ihr eigentlicher Sinn bestand darin, aus den höchsten Stufen der bisherigen sogenannten verwaltenden Klasse eine kleinere und in sich abgeschlossene Gruppe von Beamten zu bilden, für die besondere rechtliche Regeln der Anstellung und Amtsführung festgelegt worden sind. Gleichzeitig war die Bildung einer größeren verwaltenden Gruppe ein gewisser Versuch, die im mittleren Glied des „zivilen Dienstes“ entstandenen Spannungen durch die Schaffung der Perspektive für eine raschere Beförderung zu lösen.

Die in allen kapitalistischen Ländern durchgeführten juristischen und organisatorischen Maßnahmen tragen zur Festigung der Positionen der bürokratischen Kaste bei. Sie sind auf die Absonderung der höchsten Gruppe der leitenden Beamten von den übrigen Kategorien und auf die Schaffung eines besonders privilegierten Rechtsstatus für diese Gruppe gerichtet. Diese höchste Kaste grenzt unmittelbar an die Regierung an und ist an der Herausarbeitung des politischen Kurses sowie an der Entscheidung wichtiger staatlicher Angelegenheiten direkt beteiligt. Die Beamten, die dieser höchsten Gruppe angehören, sind aus der allgemeinen Beamtenhierarchie herausgehoben.

So wurde in Frankreich aus der höchsten Klasse der Beamten das oberste Glied, die sogenannte „Hilfsklasse der Regierung“, herausgelöst. Diese Elite nimmt unmittelbar an der Tätigkeit der Regierung teil, z. B. an der Ausarbeitung ihrer Beschlüsse und Weisungen. Außerdem gibt es hier noch eine spezielle Gruppe von Beamten, die aus den Mitgliedern der sogenannten Ministerkabinette besteht. Diese Beamten werden durch einen ministeriellen Erlaß ernannt, sind nur dem Minister gegenüber verantwortlich und gehen nicht selten gemeinsam mit diesem in den Ruhestand. Zu ihren Aufgaben gehören die Vorbereitung der Entscheidungen des Ministers und faktisch auch die Ausarbeitung der Generallinie der Tätigkeit des betreffenden Ministeriums. Die Mitglieder der Ministerkabinette nehmen gleichfalls eine besondere Stellung ein. Sie genießen die Privilegien der Beamten, sind aber aus der allgemeinen Beamtenhierarchie herausgelöst. Auf sie erstrecken sich *nicht* die Vorschriften über den öffentlichen Dienst.

Im Ergebnis der 1971 in Großbritannien vollzogenen Reform des Staatsdienstes haben die Stellung und Befugnisse der höheren politischen und administrativen Führungskräfte eine besondere Ausgestaltung erfahren. Diese Beamten werden vom Premierminister ernannt. Die entsprechenden Empfehlungen werden vom „Ministerium für Angelegenheiten des Zivildienstes“ vorbereitet, in dem dafür ein spezielles Wahlkomitee gebildet worden ist. Sein Vorsitzender ist der Leiter des „inneren zivilen Dienstes“, und seine Mitglieder sind die ständigen Sekretäre und leitenden Beamten der einzelnen Ministerien. Das Wahlkomitee prüft auch regelmäßig die Beförderung der leitenden Beamten der Ministerien. Die Reform hat zu einer Verstärkung der privilegierten Stellung der höchsten bürokratischen Kaste geführt. Diese Elite der Beamten ist noch näher an die Minister herangerückt. Sie wird noch unmittelbarer in die Entscheidung grundsätzlicher Fragen durch die Regierung einbezogen.

Auch die Regelungen für die *Berufung neuer Mitarbeiter* für den Staatsdienst werden durch gemeinsame Züge in den kapitalistischen Ländern geprägt. Überall bestehen z. B. besondere *sozialrechtliche Mechanismen* für die Auswahl der Kandidaten und für das Verfahren der Übertragung des jeweiligen Staatsamtes. Das Verfahren der Auswahl von Personen für Funktionen, die im Rahmen der öffentlichen Ausschreibung freier Stellen besetzt werden sollen, basiert auf der Aufgliederung der Angestellten nach einzelnen „Klassen“ (Gruppen), wobei für jede von ihnen eine eigene Anstellungsregelung festgelegt ist.

In den USA verfügen der Präsident bzw. die von ihm Beauftragten bei der Besetzung der höchsten Funktionen, der sogenannten „Patronatsposten“, über eine nahezu unbegrenzte Ermessensfreiheit. Der Leiter eines Ministeriums oder einer Behörde ist die zentrale Figur bei der Auswahl des größten Teils der höchsten Führungskräfte. Der Prozeß der Besetzung der höchsten Posten im Staatsapparat (der Minister, ihrer Stellvertreter und unmittelbaren Assistenten) vollzieht sich über „inoffizielle" Kanäle, im Rahmen von geschlossenen Beratungen, Gesprächen, Konsultationen des Präsidenten und seiner Berater mit einflußreichen Vertretern von politischen Institutionen und Monopolgruppen. Nach Angaben des Brooklyn-Instituts in Washington wurden während der Amtsperiode der fünf Präsidenten der Nachkriegszeit die Bundes-Patronatsbeamten aus drei Bereichen ausgewählt: aus den staatlichen Institutionen (36 Prozent), aus mit juristischen Angelegenheiten befaßten privaten Firmen und privaten Anwaltsbüros (26 Prozent) und aus Industrie- und Finanzfirmen (24 Prozent).

In Großbritannien stützt sich die für die *Neueinstellung* von Beamten zuständige „Kommission für Angelegenheiten des Zivildienstes" fast ausschließlich auf die privilegierten Lehranstalten, an denen hauptsächlich Personen herangebildet werden, die den herrschenden Kreisen der englischen Gesellschaft angehören. Von einigen führenden Ministerien heißt es, daß sie einen „Oxbridgecharakter" haben. Das bedeutet, daß ihr leitendes Personal fast ausschließlich aus Absolventen der beiden privilegierten Lehranstalten Oxford und Cambridge besteht. Es ist daher nicht verwunderlich, daß 67 Prozent der höchsten Beamten der Ministerien aus den Familien von Industriellen, Bankiers, Grundbesitzern, Offizieren, hohen Beamten und Angehörigen freier Berufe stammen.

In letzter Zeit wurden im System der Neueinstellungen für den öffentlichen Dienst in Großbritannien gewisse Veränderungen vorgenommen, da die einseitige Orientierung auf die privilegierten Lehranstalten die herrschenden Kräfte des Monopolkapitals auch nicht mehr voll zu befriedigen vermochte. Einerseits wurde nach dem zweiten Weltkrieg die Hochschulbildung für breitere Schichten der Bevölkerung zugänglich, anderseits gelangten in den Staatsdienst auch Personen, die zwar den herrschenden Kreisen angehören, aber den ihnen gestellten Aufgaben wegen persönlicher Unfähigkeit oder wegen Fehlens einer speziellen Ausbildung nicht gewachsen sind. Deshalb wurden für den Nachwuchs der höchsten Beamtenkategorien im Jahre 1971 Sonderbestimmungen erlassen, während die Einstellungsbedingungen für die anderen Kategorien unverändert blieben.

In Frankreich erfolgt die *Heranbildung* der am höchsten gestellten Kader des Staatsapparates in einer eigens zu diesem Zweck gegründeten Lehranstalt, der Nationalen Verwaltungsakademie. Sie ist das wichtigste Mittel zur Auswahl und Komplettierung der besonderen, in sich geschlossenen Kaste von Beamten. Ursprünglich wurden in der Nationalen Verwaltungsakademie zwei Kategorien von Hörern immatrikuliert: Personen mit Hochschulbildung und einem maximalen Alter von 26 Jahren und Staatsangestellte mit einem Höchstalter von 30 Jahren, die auf eine Berufspraxis von mindestens fünf Jahren zurückblicken können. Nach den Studentenunruhen von 1968 wurde eine Sonderkommission für das Studium der Immatrikulationsbedingungen der Kandidaten gebildet. Die Auswahl der Studierenden wird nunmehr auf einer breiteren Grundlage vorgenommen, aber die Bevorzugung der Kandidaten nach bestimmten sozialen und politischen Gesichtspunkten ist letztlich voll und ganz beibehalten worden. Die Aufnahme in die Nationale Verwaltungsakademie wird mehr durch das Milieu, aus dem die Kandidaten stammen, als durch ihre Fähigkeiten bestimmt. Bei der Durchführung von Wettbewerben werden die Söhne und Töchter von Betriebsdirektoren, von Vertretern der freien Berufe sowie von Beamten der höheren Ränge bevorzugt.

III.

Ein Grundzug der rechtlichen Regulierung des Staatsdienstes unter den Bedingungen des staatsmonopolistischen Kapitalismus besteht darin, daß die herrschenden Kreise bemüht sind, für den Staatsdienst hochqualifizierte Personen heranzuziehen, die eine effektive Erfüllung der ihnen übertragenen fachlichen Aufgaben gewährleisten und die möglichst zugleich nur ihnen treu ergeben sind. In diesem Sinne sollen vor allem die im Staatsdienst angewandten Systeme zur materiellen und moralischen Stimulierung sowie die den Staatsangestellten gewährten Vorrechte und Privilegien wirken.[3]

Der *besondere Status* des Beamtentums in den kapitalistischen Ländern kommt schließlich darin zum Ausdruck, daß mit der Anstellung eine Garantie des Beschäftigungsverhältnisses verbunden ist. In der kapitalistischen Welt ist das angesichts der Vertiefung der allgemeinen Krise dieses Systems und der damit verbundenen sozialen Unsicherheit ein großes Privileg gegenüber allen anderen Werktätigen. Ein Beamter wird praktisch auf Lebenszeit angestellt. Diese Anstellung bietet einen bestimmten sozialen Schutz und eröffnet die Möglichkeit, im Rahmen der Rangordnung befördert zu werden. Darüber hinaus werden vielfach nach Ablauf bestimmter Fristen die Gehälter der Beamten erhöht und diese bei Erreichen einer bestimmten Altersgruppe in den Ruhestand versetzt, wobei man ihnen relativ hohe Pensionen zahlt und andere Privilegien weitergewährt.

In der BRD z. B. wird die Pflicht des Staates, für die Befriedigung materieller und weiterer Bedürfnisse des Beamten Sorge zu tragen, aus dem für die Beziehungen zwischen Staat und Beamten zugrunde gelegten „Treueverhältnis" abgeleitet. Das Bundesbeamtengesetz (§ 79) bezeichnet es als Pflicht des Staates, für das Wohl des Beamten und seiner Familie Sorge zu tragen, wobei es auch den Zeitraum nach Beendigung der dienstlichen Beziehungen einschließt. Die materielle Versorgung umfaßt vor allem das Grundgehalt, den territorialen Zuschlag, die Dienstaltersprämie und den Zuschlag für die Rangbezeichnung.

Das Vorhandensein von Systemen der Privilegierung der Beamten während ihrer Dienstzeit und der materiellen Versorgung nach ihrem Ausscheiden aus dem Dienst stellt ebenfalls eine in allen bürgerlichen Staaten gleichermaßen anzutreffende Erscheinung dar. Besonders ausgeprägt ist dies bei den höchsten Kategorien der Beamtenschaft, denen spezielle finanzielle und „Naturalzuschläge" verschiedener Art (Wohnungen, Autos, kostenloses Frühstück) sowie Vorzugsbedingungen in der Arbeit, der Besoldung, der Rentenleistung und der sozialen Fürsorge gewährt werden. In den USA haben die Beamten z. B. die Möglichkeit, unter Vorzugsbedingungen an Sonderprogrammen der Lebensversicherung teilzunehmen, außerdem erhalten sie einen längeren Urlaub als die übrigen Angestellten sowie eine Reihe anderer Vergünstigungen. Nach Berechnungen amerikanischer Fachleute machen diese Vergünstigungen etwa 25 bis 30 Prozent des Gehalts aus.

Als weitere Tendenz, die für die rechtliche Regulierung des Staatsdienstes in der Periode des staatsmonopolistischen Kapitalismus kennzeichnend ist, müssen die vielfältigen Maßnahmen zur *Gewährleistung der politischen Zuverlässigkeit und „Loyalität"* der Angestellten des Staatsapparates hervorgehoben werden. Die Bestimmungen bzw. Regeln, die den Status der Beamten fixieren, gehen davon aus, daß deren Tätigkeit durch das Ethos eines „Dienstes am Staat" charakterisiert sei und der Staat das Recht habe, an die Beamten besondere Anforderungen zu stellen. Dazu gehören die Forderungen nach Treue, Loyalität, politischer „Neutralität" und nach einer „unparteiischen“ Arbeitsweise. Den Beamten ist es in der Regel formell untersagt, sich aktiv politisch zu betätigen, an politischen Kampagnen teilzunehmen, bei Wahlen zu kandidieren, Funktionen in politischen Parteien auszuüben u. a. Das Verbot, aktiv am politischen Leben teilzunehmen, hat indes für die höchsten Beamten insofern einen formalen Charakter, als diese in sehr hohem Maße selbst die „Politik machen“. Die Einschränkung des Rechts, sich politisch zu betätigen, gilt im Grunde nur für die Durchschnittsangestellten. Sie verfolgt das Ziel, für ihre Beteiligung an der allgemeinen demokratischen Bewegung und der Arbeiterbewegung eine Schranke zu errichten. Die Erfahrungen der Arbeiterklasse und anderer fortschrittlicher Kräfte mit den Beamten des staatsmonopolistischen Herrschaftssystems lehren, daß die sogenannte Loyalität, Treue und „Neutralität“ sich mit ihrer ganzen Schärfe gegen die progressiven und demokratischen Kräfte richten, deren Eindringen in den Staatsapparat verhindert werden soll. Zudem soll mit diesen Anforderungen der überwiegende Teil der Staatsangestellten von der progressiven politischen Bewegung isoliert und in diesem Sinne in eine „passive Einstellung“ zur Politik gedrängt werden.

Die „Pflicht zur Treue“, die z. B. den Beamten in der BRD zur Verhaltensmaxime gemacht wird, dient dort als offizielle rechtliche Grundlage für die verfassungswidrige Einschränkung ihrer Grundrechte und -freiheiten. Obwohl den Beamten gesetzlich nicht untersagt ist, Mitglied politischer Parteien zu sein, müssen alle Staatsangestellten mit ihrer Entlassung rechnen, wenn sie der Deutschen Kommunistischen Partei beitreten bzw. deren Ziele oder die Ziele anderer demokratischer Organisationen unterstützen. Der im Jahre 1972 von den Ministerpräsidenten der Bundesländer und dem damaligen Bundeskanzler verabschiedete sogenannte Radikalenerlaß führte bisher zur diskriminierenden Bespitzelung und Überprüfung der politischen Zuverlässigkeit von etwa 1,3 Mio Staatsangestellten und zum Berufsverbot, d. h. zur Entlassung bzw. Nichteinstellung von rund 4000 Personen, vorwiegend von Lehrern, aber auch von zahlreichen Eisenbahn- und Postangestellten.

In den USA ist es den Staatsangestellten nach einem Gesetz aus dem Jahre 1939 untersagt, sich an „politischen Kampagnen“ zu beteiligen und Organisationen anzugehören, die „für den Sturz der verfassungsmäßig eingesetzten Regierung“ eintreten. Diese Bestimmungen werden in der Praxis extensiv interpretiert. Gegen das Gesetz verstößt jeder staatliche Angestellte, der selbst oder dessen Familienmitglieder sich in einer der Regierung nicht genehmen Weise politisch betätigen. Das Gesetz dient als Grundlage für vielfältig gestaltete Überprüfungen und die Verfolgung von Staatsangestellten unter dem Vorwand der Ermittlung von „nichtloyalen“ Personen. Die Einstellung von Mitgliedern der Kommunistischen Partei der USA in Bundesinstitutionen ist bereits seit dem Jahre 1941 ohnehin generell ausgeschlossen.

In Großbritannien werden seit 1948 systematisch Maßnahmen zur Überprüfung der Loyalität und zur Ausschaltung politisch „verdächtiger“ Angestellter getroffen. Zu den „Verdächtigen“ zählen nicht nur Mitglieder der Kommunistischen Partei, sondern auch Personen, die mit Kommunisten in Verbindung stehen, Personen, die in der Vergangenheit Mitglieder der Kommunistischen Partei gewesen sind, die mit Kommunisten sympathisieren oder sympathisiert haben sowie diejenigen, die angeblich unter dem Einfluß von Kommunisten stehen.

Trotz der schließlichen Aufhebung der für Staatsangestellte bestehenden generellen gesetzlichen Verbote, sich gewerkschaftlich zu organisieren, ist die Haltung des imperialistischen Staates gegenüber den Organisationen der Staatsangestellten zwiespältig. In einigen Ländern wird das Streikrecht der Staatsangestellten direkt oder indirekt eingeschränkt. In Großbritannien hält man solche Streiks für einen Tatbestand, „der mit dem Ethos des öffentlichen Dienstes unvereinbar ist“. In den USA legt das im Jahre 1955 verabschiedete „Antistreikgesetz“ fest, daß ein Staatsangestellter für die Beteiligung an einem Streik oder für seine Zugehörigkeit zu einer Organisation, die sich für das Streikrecht einsetzt, zu Gefängnisstrafen bis zu einem Jahr oder zu einer Geldstrafe verurteilt werden kann. Auch in der BRD, wo diese Frage gesetzlich nicht geregelt ist, wird ein Streikrecht der Beamten sowohl durch die herrschende Arbeitsrechtslehre als auch durch die Gerichte abgelehnt.

Das Bestreben der herrschenden Kreise, die Staatsangestellten unter allen Umständen unter ihrer Botmäßigkeit zu halten, gerät zu den Tendenzen in Widerspruch, die durch die objektiven Gesetzmäßigkeiten der Entwicklung des bürgerlichen Staatsapparates hervorgebracht werden. So geht mit der personellen Erweiterung der Armee der Staatsangestellten eine Erhöhung ihres politischen Bewußtseins, ihrer politischen Aktivität einher. Die Frage der Gewährung effektiver politischer und gewerkschaftlicher Rechte der Staatsangestellten wird zum Gegenstand eines hartnäckigen Kampfes. In diesem Zusammenhang vollziehen sich wichtige Veränderungen auch hinsichtlich der gewerkschaftlichen Organisation der Staatsangestellten. Die Anzahl der Gewerkschaften der Mitarbeiter der staatlichen Institutionen und deren Mitglieder nimmt zu, und es verändert sich der Charakter ihrer Tätigkeit. Diese Gewerkschaften gehen zunehmend zu neuen Formen des Kampfes — insbesondere zu Streiks, z. B. zur Durchsetzung von Gehalts- und Lohnforderungen — über, die immer mehr Massencharakter annehmen. Seit den 70er Jahren sind die Streiks der Staatsangestellten in den entwickelten kapitalistischen Ländern zu einer — früher kaum vorstellbaren — allgemein verbreiteten Erscheinung geworden.

Die Entwicklung des staatsmonopolistischen Kapitalismus und die aktive Einschaltung der Beamtenschaft in die Realisierung der Aufgaben der staatsmonopolistischen Regulierung erfordern einen flexiblen, effektiven Apparat, der fähig ist, die vor ihm stehenden Probleme schnell und konsequent zu lösen. Diese für das Monopolkapital objektive Notwendigkeit stößt aber auf Routine, Trägheit, Formalismus und Initiativlosigkeit, die für den bürgerlichen bürokratischen Apparat kennzeichnend sind. In jüngster Zeit werden verschiedene Maßnahmen ergriffen, die insbesondere auf die Rationalisierung der Verwaltungsarbeit, die Einführung neuester Verwaltungsmethoden, die Übernahme von Verwaltungsmethoden monopolistischer Unternehmen (z. B. des sogenannten „Managermodells“) und die Verstärkung der technokratischen Elemente des Staatsdienstes gerichtet sind. Starke Beachtung wird in diesem Zusammenhang der Qualifizierung der Beschäftigten des Staatsapparates — besonders der höchsten Beamtengruppen — gewidmet. Dazu dienen staatlich finanzierte Speziallehranstalten und Ausbildungszentren, die mit den großen Monopolunternehmen eng zusammenarbeiten.

Der Ausbau und die Erweiterung der organisatorisch-rechtlichen Formen, die die Beziehungen zwischen dem Staatsapparat und den Monopolen vermitteln, sind die wichtigste Tendenz der Entwicklung des Staatsdienstes unter den Bedingungen des staatsmonopolistischen Kapitalismus. Das entspricht dem allgemeinen Prozeß des verstärkten Zusammenwachsens bzw. der Verschmelzung des Staates und der Monopole. Dieser Prozeß umfaßt die Herstellung weitreichender und enger Beziehungen zwischen der höchsten Beamtenschaft einerseits und den Monopolen andererseits. Diese sind häufig schwer durchschaubar, vollziehen sich im geheimen und nicht primär über offizielle

Kanäle. Mit der weiter fortschreitenden Verschmelzung des Staates und der Monopole kann man jedoch zugleich eine Tendenz zur Institutionalisierung dieser Beziehungen beobachten. Die rechtliche Regulierung dieser Beziehungen ist eine der Bedingungen, die das Funktionieren des Staates und der Monopole als einheitlichen Mechanismus gewährleisten sollen.

Die Formen der organisatorisch-rechtlichen Vermittlung der Beziehungen zwischen Staatsapparat und Monopolen sind vielfältig, sowohl was ihre Kompliziertheit als auch die verschiedenen Ebenen dieser Beziehungen anbetrifft. Eine von ihnen ist die Einrichtung von Amtsstellungen in den Staatsorganen, die ausgewählten Mitarbeitern kapitalistischer Unternehmen vorbehalten sind. In den USA z. B. werden Vertreter von Monopolunternehmen und Banken in großem Stil im Staatsapparat eingesetzt. Im Durchschnitt waren 44 Prozent der höchsten Verwaltungsbeamten vor ihrer Einstellung im Staatsdienst in der Industrie und 23 Prozent in Bankunternehmen tätig, wobei 56 Prozent aller Beamten dieser Kategorie zuvor den 500 der größten Industrie- und Finanzmonopole angehörten.

Die traditionellen Formen der Personalunion werden durch *neue Formen* der Verschmelzung des Staatsapparates mit den Monopolen ergänzt. Dazu gehören der zeitlich begrenzte Austausch von Mitarbeitern, die Durchführung von Praktika in Monopolunternehmen und die Bildung gemischter Organe auf den verschiedensten Gebieten. Auch der auf Dauer berechnete Wechsel von Beamten in die private Wirtschaft ist inzwischen zu einer typischen Erscheinung geworden. Mindestens ein Drittel der Generaldirektoren der 500 größten Aktiengesellschaften in Frankreich war zuvor Beamter. In den USA kehren 55 Prozent der höchsten Verwaltungsbeamten wieder in das private Busineß zurück, nachdem sie ihr Amt in einem Regierungsorgan niedergelegt haben. Es ist charakteristisch, daß diese Beamten ihre Tätigkeit entweder in den Unternehmen, in denen sie vor ihrem Übergang in den Staatsapparat gearbeitet hatten, oder in solchen Unternehmen aufnehmen, zu denen sie auf Grund der Art ihrer Tätigkeit enge Beziehungen angeknüpft haben. Dieser Übergang spricht für die enge Verflechtung von Staat und Monopolen, für die in großem Maßstab herausgebildete Personalunion, die früher von den herrschenden Kreisen des Monopolkapitals geheim gehalten werden konnte, während dies heute nicht mehr vor der Öffentlichkeit zu verbergen ist.

In aller Regel nutzen die Monopole sowohl ihre illegalen wie ihre rechtlich sanktionierten Beziehungen zur Beamtenschaft im Interesse der Steigerung ihres Profits aus, indem sie sich u. a. lukrative Staatsaufträge, insbesondere Rüstungsaufträge und andere Vorteile im Konkurrenzkampf verschaffen. Im Zusammenhang damit sind Bestechung und andere Formen der Korruption im Staatsdienst zu Erscheinungen geworden, die sich selbst in den höchsten Gliedern der Staatsmaschinerie immer weiter ausbreiten[4] und auf ihre Weise die zunehmende Labilität des politischen Herrschaftssystems in den entwickelten kapitalistischen Ländern symbolisieren.

Anmerkungen

1 W. I. Lenin, Staat und Revolution, in: Werke, Bd. 25, Berlin 1972, S. 428.
2 Vgl. Gosudarstvennaja služba osnovnych kapitalističeskich stran, Moskva 1977, S. 9.
3 Vgl. W. I. Lenin, Eine der Kernfragen der Revolution, in: Werke, Bd. 25, a. a. O., S. 381.
4 Rechenschaftsbericht des Zentralkomitees der Kommunistischen Partei der Sowjetunion und die nächsten Aufgaben der Partei in der Innen- und Außenpolitik, Berichterstatter: L. I. Breshnew, Berlin 1976, S. 36.

Oleg A. Shidkow
(Moskau)

Die „Anti-Trust"-Gesetzgebung und das Rechtssystem der USA

Die Anti-Trust-Gesetzgebung der USA ist eine eigenartige und bemerkenswerte Erscheinung im modernen bürgerlichen Recht. Obwohl in den letzten Jahrzehnten ähnliche Gesetze mit verschiedenen Bezeichnungen in den meisten kapitalistischen Ländern angenommen worden sind, nehmen die USA nach wie vor in der Ausarbeitung der Grundprinzipien der *bürgerlichen* Anti-Trust-Politik eine führende Stellung ein. Gegenwärtig wird die Verknüpfung der Anti-Trust-Gesetze mit dem gesamten System der staatsmonopolistischen Regulierung der Wirtschaft in den USA immer offensichtlicher. Während das erste Anti-Trust-Gesetz — das Sherman-Gesetz von 1890 — auf juristischen Konstruktionen aufgebaut war, die die Begründung dafür lieferten, es als Produkt der Politik des ökonomischen Liberalismus (laissez faire, laissez passer), als Äußerung der negativen (verbietenden) staatlichen Einflußnahme auf die Wirtschaft zu betrachten, ist die Anti-Trust-Politik in der Zeit nach dem zweiten Weltkrieg systematisch zu einem integrierenden und „stabilen" Attribut des Rechtsmechanismus des staatsmonopolistischen Kapitalismus der USA ausgebaut worden.

Der Versuch der Regulierung der Marktbeziehungen und die Aufrechterhaltung der Bedingungen ihres Funktionierens sind der innere ökonomische Kernpunkt der Anti-Trust-Gesetzgebung. Mit Hilfe dieser Gesetzgebung wollten die weitsichtigsten staatlichen Repräsentanten der Bourgeoisie die negativen *Folgen* der ungeheuren Konzentration der Wirtschaftsmacht in der Hand der Monopole abschwächen und die elementaren Grundlagen des kapitalistischen Marktes und der Konkurrenz erhalten. Obgleich die Konzentration des Kapitals, wie W. I. Lenin überzeugend nachwies,[1] nicht die automatische und absolute Monopolisierung der gesamten Wirtschaft und auch nicht die völlige Beseitigung der Konkurrenz bedeutet, wird es für die Aufrechterhaltung des Mindestniveaus der letzteren unter den gegenwärtigen Bedingungen notwendig, äußere, staatliche Regelungsmechanismen einzusetzen.

Die Prozesse, die sich auf dem kapitalistischen Markt vollziehen, der durch die großen Konzerne weitestgehend monopolisiert worden ist, sind auf unmittelbarste Art und Weise mit allen wichtigen Seiten des Funktionierens der kapitalistischen Wirtschaft — mit dem Absatz der Erzeugnisse, mit den Preisschwankungen, mit der Zuspitzung der Inflation usw. — verbunden. Die rasche Stärkung der ökonomischen Macht der großen Monopole, die die Unfähigkeit des kapitalistischen Marktes zur Selbstregulierung unterstreicht, führt in verstärktem Maße zu ernsten wirtschaftlichen Erschütterungen, vertieft die Labilität des kapitalistischen Wirtschaftssystems und untergräbt, insbesondere unter den gegenwärtigen Bedingungen des Kampfes der beiden Weltsysteme, das „Prestige“ des Kapitalismus überhaupt.

In der Anti-Trust-Gesetzgebung sieht der bürgerliche Staat eines der Mittel zur „Sanierung“ des kapitalistischen Marktes und der Konkurrenz und zum Abbau der Hindernisse, die infolge der Herrschaft der Monopole, vor allem hinsichtlich des wissenschaftlich-technischen Fortschritts entstehen. Im gesamten weitverzweigten Mechanismus der staatsmonopolistischen Regulierung der Wirtschaft in den USA üben die Anti-Trust-Gesetze ferner eine spezifisch „soziale“ Funktion aus, indem sie als sogenanntes Gegengewicht zu denjenigen Formen des Eingreifens des Staates in das Wirtschaftsleben fungieren, die ungeschminkt die Interessen der Monopole zum Ausdruck bringen, wie z. B. die Erteilung von lukrativen Rüstungsaufträgen oder die Gewährung staatlicher Subventionen und Steuerermäßigungen zu Lasten der Werktätigen.

Die Anti-Trust-Gesetzgebung führt ebenso wie die Komplizierung der rechtlichen Regulierung des Wirtschaftslebens insgesamt unausbleiblich zu bestimmten Veränderungen im Rechtssystem der USA und unterminiert grundlegende, traditionelle Prinzipien des bürgerlichen Rechts.

Mit der rechtlichen Regulierung der Wirtschaftsbeziehungen reagiert die monopolistische Bourgeoisie vor allem auf neue Erscheinungen ihres Wirtschaftslebens, auf die objektiven Veränderungen in der Organisation der Produktion, auf die Erfordernisse der wissenschaftlich-technischen Revolution und verlangt von der Gesetzgebung und vom Rechtssystem als Ganzem, daß diese in einer weitgehend flexiblen Form sowohl die eigennützigen Belange der Konzerne als auch die globalen Interessen der Kapitalistenklasse insgesamt sichern. „Die Gesetzgeber“, schreibt der US-amerikanische Professor *D. Alexander*, „haben den Juristen die Aufgabe gestellt, über die Wirtschaft im ganzen nachzudenken, und diese haben sich besonders nach dem zweiten Weltkrieg mit großem Elan in diesen Prozeß eingeschaltet.“[2]

Die neuen Formen und Methoden der Einflußnahme auf die Wirtschaft mittels des Rechts wirken sich nicht nur auf die Entwicklung einer Reihe von traditionellen Zweigen und Instituten des amerikanischen Rechts aus, sondern führen auch zur Herausbildung von neuartigen, spezifischen Bereichen der Gesetzgebung. Die Anti-Trust-Gesetzgebung und besonders die faktische sogenannte Anti-Trust-Politik des bürgerlichen Staates in den USA sind insofern nicht etwas ein für allemal Feststehendes. So hat in den letzten Jahrzehnten das Anti-Trust-Recht der USA — trotz aller Widersprüche — seine Manövrierfähigkeit zur Anpassung an den komplizierter gewordenen Wirtschaftsmechanismus demonstriert. Dabei haben auf den Wachstumsprozeß der Anti-Trust-Gesetzgebung und auf ihre schließliche Herauslösung aus den traditionellen Rechtsgebieten nicht nur die ökonomischen und sozialen Veränderungen unter den Bedingungen des staatsmonopolistischen Kapitalismus eingewirkt, sondern auch Faktoren politisch-ideologischen Charakters, insbesondere die sich für den bürgerlichen Staat ergebende Notwendigkeit, auf die Forderungen der Arbeiterklasse und die „öffentliche Meinung“ durch ein „antimonopolistisches“ Taktieren zu reagieren.

II.

In der juristischen Literatur und in der Gerichtspraxis der USA werden die Anti-Trust-Gesetze als selbständige rechtliche Erscheinung, als besonderer Zweig der Gesetzgebung betrachtet. In den letzten Jahrzehnten erschienen amtliche Sammlungen der Anti-Trust-Bundesgesetze[3] sowie der diese betreffenden Gerichtsentscheidungen. Unter Berücksichtigung dessen, daß die Anti-Trust-Politik wichtigste Aspekte der Unternehmertätigkeit berührt und spezifische Rechtsprobleme aufwirft, wurden bei den Rechtsausschüssen des Senats und des Repräsentantenhauses der USA Unterausschüsse für die Fragen der Monopol- und Anti-Trust-Gesetzgebung gebildet.

Die Anti-Trust-Gesetzgebung als ein komplexer Bereich der Gesetzgebung darf allerdings nicht als Zweig des bürgerlichen Rechts schlechthin, etwa gleichrangig mit dem Zivilrecht, dem Strafrecht oder Verwaltungsrecht, betrachtet werden. Die besondere Stellung der Normen der Anti-Trust-Gesetzgebung im System des amerikanischen Rechts beruht auf anderen Kriterien als denjenigen, wie sie für die Bildung von klassischen Rechtszweigen gelten.

Die Eigenart der Verselbständigung des Anti-Trust-Rechts im Rechtssystem der USA besteht darin, daß es sich nicht im Rahmen eines der traditionellen Zweige des bürgerlichen Rechts, als eines ihrer Rechtsinstitute entwickelt hat, sondern vielmehr in einer spezifischen Weise die Elemente *verschiedener* Zweige des Rechts in sich vereinigt. Daher kann das Anti-Trust-Recht der USA einerseits als besonderer Zweig der Gesetzgebung und andrerseits als selbständiges komplexes Rechtsinstitut bezeichnet werden, das durch die *Verflechtung* von Rechtsnormen und rechtlichen Regulierungsmechanismen aus einer Reihe von Zweigen und Bereichen des amerikanischen Rechts entstanden ist.

In der Anti-Trust-Gesetzgebung der USA spiegelt sich die für das bürgerliche Recht des 20. Jahrhunderts charakteristische Entwicklung — die allmähliche Vergrößerung des Anteils der zwingenden verwaltungsrechtlichen Regelungen — wider. Die monopolistische Bourgeoisie kann zwar insofern nicht grundsätzlich auf die *dispositive* Regelungsmethode verzichten, als diese die für das Funktionieren der kapitalistischen Wirtschaft wichtige Möglichkeit der Auswahl der für die Partner von Wirtschaftsbeziehungen jeweils günstigsten Verhaltensvarianten beinhaltet. Die Entwicklung der Anti-Trust-Gesetzgebung geht aber in ihrer Tendenz eindeutig mit einer Erhöhung der Rolle *administrativer* Methoden im Recht der USA einher.

Für das Anti-Trust-Recht der USA ist allerdings nicht so sehr die Verschiebung im Verhältnis zwischen dem zwingenden und dem dispositiven Recht als vielmehr die immer enger werdende Verflechtung dieser beiden Hauptmethoden der rechtlichen Regelung charakteristisch. Diese Tendenz in der Entwicklung der Anti-Trust-Gesetzgebung ist das Resultat des sich unter den Bedingungen des staatsmonopolistischen Kapitalismus verändernden Verhältnisses zwischen dem Interesse des einzelnen Kapitalisten, insbesondere dem Monopolinteresse, und den allgemeinen Klasseninteressen der Bourgeoisie, sowie des sich immer mehr verstärkenden Prozesses der Vereinigung der Macht der Monopole mit der Macht des imperialistischen Staates.

Was die spezifische Verknüpfung von Normen verschiedener Rechtszweige anlangt, so zeigt sich, daß die Normen des *Strafrechts* — die m. E. von bürgerlichen Rechtsideologen fälschlich als das typische „antimonopolistische" Instrumentarium in den USA charakterisiert werden — in dieser Gesetzgebung keineswegs den führenden Platz einnehmen und auch in der Praxis der Anti-Trust-Regulierung keine entscheidende Rolle spielen. Nur wenige Anti-Trust-Gesetze der USA legen strafrechtliche Verbote fest, wobei diese zugleich durch Vorschriften ergänzt werden, die keinen strafrechtlichen Charakter haben. Im Sherman-Act, der wichtigsten Anti-Trust-Regelung der USA, sind z. B. neben der zwar gegebenen Möglichkeit der Anwendung von strafrechtlichen Sanktionen durchaus andere, primär zivilrechtliche Methoden der rechtlichen Einflußnahme auf bestimmte, der herrschenden Klasse nicht genehme Praktiken der Monopolunternehmen vorgesehen.

Die komplexe Struktur der Anti-Trust-Gesetzgebung gestattet es den zuständigen Regierungsorganen, die der jeweiligen konkreten ökonomischen und politischen Situation am besten entsprechenden rechtlichen Mittel gegenüber Verletzungen der Anti-Trust-Bestimmungen einzusetzen. So ist es z. B. ein „offenes Geheimnis", daß die Strafrechtsnormen des Sherman-Acts während eines Zeitraums von mehr als fünfzig Jahren faktisch *nicht* angewendet wurden. Das demonstrative Desinteresse des Justizministeriums, strafrechtliche Sanktionen (die zudem nur eine geringe Schwere aufweisen) gegen offensichtliche monopolistische Übergriffe anzuwenden, hat sogar die bürgerliche Presse dazu veranlaßt, Zweifel an der Effektivität der Anti-Trust-Politik zu äußern und den völligen Verlust der Ausstrahlungskraft der Anti-Trust-Gesetze auf die breiten Massen der Bevölkerung in Aussicht zu stellen. Diese Situation hat sich jedoch auch in den letzten Jahren, trotz der Aktivierung der Tätigkeit der Anti-Trust-Abteilung des Justizministeriums und seiner „drohenden" Äußerungen gegenüber „monopolistischen Vereinigungen", prinzipiell nicht verändert. Das Ministerium umgeht nach wie vor die Geltendmachung von strafrechtlichen Sanktionen bei der Durchführung von Anti-Trust-Prozessen. So führten von 150 im Jahre 1970 in Gang gesetzten Untersuchungen lediglich 124 zur Einleitung von zivilrechtlichen und nur 28 zu strafrechtlichen Verfahren. Von 59 Prozessen, die durch das Ministerium bei Gerichten anhängig gemacht worden sind, betrafen nur 5 die Ahndung eines strafrechtlich relevanten Verhaltens.[4]

Die in den Anti-Trust-Gesetzen der USA enthaltenen Strafrechtsnormen weisen gewisse Besonderheiten auf, die auch für einige andere Arten der sogenannten Wirtschaftsgesetzgebung charakteristisch sind. Insbesondere weichen sie insofern vom allgemeinen Prinzip der Individualisierung der strafrechtlichen Verantwortlichkeit ab, als die in ihnen vorgesehenen Sanktionen nicht nur gegen natürliche, sondern auch gegen juristische Personen — wie Trusts, Korporationen usw. — angewandt werden können. In der Gerichtspraxis wirkt sich dies in der Weise aus, daß die Geldstrafen, die den der Gesetzesverletzung (z. B. der Steuerhinterziehung) für schuldig befundenen Führungskräften einzelner Monopolunternehmen auferlegt wurden, faktisch auf das Unternehmen selbst bzw. auf dessen Aktionäre übertragen werden, die diese für sie (im Vergleich zu dem von ihnen erzielten Profit) geringfügigen Beträge von vornherein als „Geschäftsausgaben" einplanen.[5]

Im Zeitraum von zehn Jahren (1950 bis 1960) wurden in Anti-Trust-Prozessen 356 leitende Personen von Monopolunternehmen zu Geldstrafen verurteilt, wobei diese durchschnittlich 2000 Dollar (zwischen 10 Dollar (!) und 75000 Dollar) betrugen.[6] Im Jahre 1970 wurden z. B. von Bundesgerichten im Ergebnis von 9 Strafverfahren gegen leitende Personen von Monopolunternehmen Geldstrafen in Höhe von 1965000 Dollar verhängt.[7] Aber auch diese Geldstrafen stehen zu den durch die gesetzwidrigen Praktiken der Monopole realisierten Profiten (es ging hauptsächlich um die Festlegung von Monopolpreisen) in keinem Verhältnis. Überhaupt herrscht in bezug auf die strafrechtlichen Tatbestände der Anti-Trust-Gesetze die Auffassung vor, daß Verstöße dagegen der bürgerlichen Moral nicht widersprechen und die Rechtsbrecher selbst den Nimbus „seriöser" Geschäftsleute nicht verlieren. Nicht nur die den Monopolen verpflichteten Juristen, sondern auch die für die Anti-Trust-Politik verantwortlichen Staatsmänner der USA haben mehrfach unterstrichen, daß sie den Strafprozeß nicht für ein sinnvolles Instrument halten, um auf ein unter kapitalistischen Verhältnissen allgemein übliches Geschäftsgebaren bestimmter Unternehmer einzuwirken.

III.

In den meisten Anti-Trust-Gesetzen der USA nehmen die *zivilrechtlichen* und *verwaltungsrechtlichen* Normen, die in der Regel eng miteinander verflochten sind, einen bedeutenden Platz ein. Hier tritt die für die ökonomische Regulierung mit den Mitteln des Rechts typische Erscheinung der Auflösung klarer Grenzen zwischen dem Zivil- und Verwaltungsrecht sehr deutlich zutage.

Die zivilrechtlichen Normen in der Anti-Trust-Gesetzgebung sind vor allem auf die Regulierung der Vertragsbeziehungen gerichtet. Sie legen für eine Reihe von Verträgen besondere Bedingungen fest, wie z. B. hinsichtlich der Preisgestaltung, der Einschränkung der Kontrahierungsfreiheit mit Dritten oder der Beschränkung des Auftretens zusätzlicher Unternehmer auf dem Markt mit einer bestimmten Ware. In den Anti-Trust-Gesetzen der USA sind auch spezifische zivilrechtliche Sanktionen vorgesehen, die im Falle einer Verletzung der in ihnen festgelegten Verbote angewandt werden können; der Zwangsverkauf von Aktien, die Auflösung einer Vereinigung, die Zahlung von Schadenersatz für Privatpersonen zugefügte Schäden u. a. In Anti-Trust-Prozessen gelangen die Gerichte meist zu Urteilen, die ein den gesetzlichen Forderungen entsprechendes „vernünftiges" Verhalten herbeiführen sollen, indem sie z. B. eine Gesellschaft verpflichten, an das von ihr diskriminierte Unternehmen eine Lizenz zu vergeben bzw. Waren zu verkaufen, oder indem sie einzelne Vertragsbedingungen für ungültig erklären. Nur in seltenen Fällen macht das Justizministerium von der Möglichkeit Gebrauch, durch Zivilklagen die Organisationsstruktur einer kapitalistischen Vereinigung zu verändern. In derartigen Fällen *können* die Gerichte Verfügungen über den Verkauf eines Teils der Aktien der Gesellschaft (divestiture), über deren Auflösung (dissolution) oder über die Absonderung von einer anderen Gesellschaft (divorcement) erlassen. Doch wie selbst die bürgerliche Presse in den USA eingesteht, werden Entscheidungen über die Reorganisation großer Vereinigungen des Monopolkapitals nur höchst widerwillig getroffen.

Von 85 Fällen, die in der Zeit von 12 Jahren (1952 bis 1964) vor den Bundesgerichten gemäß Artikel 7 des Clayton-Gesetzes über die Teilung der Aktien von Gesellschaften verhandelt worden sind, hatten 61 Gesellschaften ihren Prozeß verloren (teilweise oder gänzlich) und 24 gewonnen. Dabei wurden von den 61 Fällen, in denen die Gesellschaften ihren Prozeß verloren hatten, 36 durch sogenannte „Vergleichsentscheidungen" abgeschlossen, deren Abfassung unter unmittelbarem Einfluß und direkter Beteiligung von Vertretern der Gesellschaften selbst vorgenommen wird.[8]

Freilich ist es der USA-Regierung in den letzten Jahren auch gelungen, eine Reihe von Prozessen über die Fusion von Korporationen gemäß Artikel 7 des Clayton-Gesetzes zu gewinnen. Diese Urteile (z. B. im Falle „Alcoa", „Braunschuh" u. a.), in denen die Auflösung von Gesellschaften oder der Verkauf erworbener Aktien verfügt wurde, nahmen bestimmte bürgerliche Presseorgane zum Anlaß, um sie in der Öffentlichkeit als bedeutende „Anti-Trust-Siege" über das große Geschäft erscheinen zu lassen. In Wahrheit aber haben diese Urteile des Obersten Gerichts die Positionen der von ihnen betroffenen großen Monopole *nicht* untergraben und in der Struktur der betreffenden Industriezweige zu keinen wesentlichen Veränderungen geführt. Mehr noch: Nach der Änderung des Clayton-Gesetzes im Jahre 1950 und der Verkündung einer angeblich neuen, „harten" Anti-Trust-Politik der USA-Bundesverwaltung und der Gerichte kam es in der Wirtschaft nachgerade zu einer großen Welle von Kapitalfusionen, vor allem in Gestalt der Herausbildung sogenannter *Konglomerate*, worin sich eine ungeheure Konzentration und Umgruppierung der Kräfte des Monopolkapitals widerspiegelte.

Hinzu kommt, daß in der Praxis die Realisierung der o. g. Entscheidungen des Obersten Gerichts über lange Jahre hindurch verschleppt wurde und letztlich nicht zur Einschränkung der Macht der Monopole, sondern zu ihrer Modernisierung und Strukturanpassung beitrug. Wie Beamte des USA-Justizministeriums bemerken, „ist es gar nicht so einfach, eine Gesellschaft zu verkaufen" und damit eine entsprechende gerichtliche Entscheidung zu vollziehen. „Der einzige Käufer, den man finden kann, ist meist ein anderer Gigant, der demjenigen ähnelt, welcher verkleinert werden soll."[9]

Die verwaltungsrechtlichen Normen in der Anti-Trust-Gesetzgebung der USA betreffen hauptsächlich die Bildung und Tätigkeit von Verwaltungsorganen, denen bestimmte Aufgaben bei der Leitung der sogenannten Anti-Trust-Regulierung obliegen. Die Gesetzgebung räumt diesen Organen die Befugnis ein, die Rechtmäßigkeit und Zweckmäßigkeit von Vereinbarungen und die Handelspraxis der Unternehmer vom Standpunkt der Sicherung des kapitalistischen Konkurrenzmechanismus zu überprüfen. Diese Verwaltungsorgane können die Bedingungen und den Inhalt von zwischen Unternehmen abgeschlossenen Verträgen ändern und diesen ein bestimmtes Marktverhalten vorschreiben. Sie können die Unternehmer darüber hinaus verpflichten, eine bestimmte Handelspraxis aufzugeben oder diese mit den „normalen", „lauteren" kapitalistischen Praktiken in Übereinstimmung zu bringen oder auch mit anderen Unternehmern, die von ihnen diskriminiert oder boykottiert worden sind, Vertragsbeziehungen aufzunehmen usw.

Bei der administrativen Überwachung hat die auf Grund des Federal Trade Commission Act vom Jahre 1914 gebildete Bundes-Handelskommission (Federal Trade Commission) relativ weitgehende Befugnisse. Streng juristisch gesehen, kann man diese Kommission gar nicht ausschließlich zur vollziehenden Gewalt rechnen, vielmehr stellt sie zugleich ein quasi-gerichtliches Organ dar, das außerdem mit gewissen „legislativen" Funktionen (nämlich mit dem Recht, in bestimmten Fragen Normativakte und verbindliche Hinweise herauszugeben) ausgestattet ist. Die Tätigkeit der Bundes-Handelskommission dient hauptsächlich der Durchsetzung der Rechtsnormen, die sich auf die „unlauteren" Wettbewerbs- bzw. Konkurrenzmethoden beziehen, d. h. denjenigen Bereich der Anti-Trust-Gesetzgebung der USA, der schon im eigentlichen Sinne des Wortes nicht „antimonopolistisch" orientiert ist.

Mit der Begründung, daß ihre Tätigkeit nicht der Verfolgung von Verletzern der Anti-Trust-Gesetze, sondern der Aufrechterhaltung des „lauteren Wettbewerbs" im Sinne der Regulierung der Marktbeziehungen diene, hat die Bundes-Handelskommission ihre *Zusammenarbeit mit dem Großkapital* der USA breit entwickelt. Sie errichtete eine besondere „Industrieberatungsstelle", deren offizielle Aufgabenstellung darin besteht, „den Geschäftsleuten zu helfen, auf freiwilliger Basis mit dem Gesetz ins Einvernehmen zu kommen".[10] Die Kommission erarbeitet mitunter Empfehlungen für bestimmte Unternehmen, in denen sie ihnen Wege zur „Koordinierung" ihrer Tätigkeit mit der Anti-Trust-Gesetzgebung bzw. deren Umgehung weist. Seit März 1975 praktiziert sie ein System der Kontrolle über die Befolgung ihrer Empfehlungen durch die Ausgabe von Fragebogen, deren Beantwortung ihr Informationen nicht nur über geschäftliche Operationen, sondern auch über die weiteren Pläne der betreffenden Unternehmen verschaffen soll.[11] Während der inoffiziellen Verhandlungen der Beamten der Kommission mit den Vertretern der Monopole werden in der Regel für die Unternehmen akzeptable Kompromisse für die Änderung der „unlauteren" Handelspraxis und die Umstellung ihrer Organisationsstruktur ausgearbeitet, die am System der Profitwirtschaft nicht das geringste ändern.

IV.

Die ständige Erweiterung des Anteils der verwaltungsrechtlichen Normen und das Streben der herrschenden Kreise des Monopolkapitals der USA, diese Regelungen verstärkt bei der regulierenden Einflußnahme des Staates auf die Marktbeziehungen, die Steigerung der Effektivität und die Verbesserung der gesamten Struktur der Wirtschaft einzusetzen, werfen mit aller Schärfe die Frage nach dem Platz des Anti-Trust-Rechts im gesamten ökonomisch-rechtlichen Instrumentarium und nach der Spezifik der mit diesem praktizierten Regulierungsmethode auf. Dieser Frage wird in der bürgerlichen ökonomischen und juristischen Literatur eine immer größere Beachtung geschenkt. In den letzten beiden Jahrzehnten wurden unter aktiver Beteiligung der Anti-Trust-Abteilung des Justizministeriums und der Bundes-Handelskommission umfangreiche Untersuchungen durchgeführt, Konferenzen veranstaltet und einige grundlegende Arbeiten über das Anti-Trust-Recht veröffentlicht, mit denen das Ziel verfolgt wird, die neuen theoretischen Aussagen der bürgerlichen Wirtschaftswissenschaft (z. B. über die „unvollkommene" oder „monopolistische" Konkurrenz) an die objektiven Erfordernisse der „Anti-Trust-Politik" der USA-Bundesregierung anzupassen.

In der Anwendungspraxis der Anti-Trust-Gesetze werden immer häufiger Versuche unternommen, den komplizierten funktionellen Zusammenhang zwischen den heutigen Formen der kapitalistischen Konkurrenz und der Marktstruktur (Monopol, Duopol, Oligopol usw.) einerseits und der Effektivität der Produktion, ihrem Zuwachstempo usw. andrerseits zu bestimmen. Das erklärt sich daraus, daß das ungeheure Anwachsen der Konzentrations- und Zentralisationsprozesse des Kapitals nicht nur bei den kleinbürgerlichen Kritikern der Monopole und Konglomerate, sondern selbst in Regierungskreisen eine gewisse Unruhe auslöst. Sogar in offiziellen Berichten wird zugegeben, daß die Konzentration der Monopolmacht in den USA in der wirtschaftlichen Entwicklung zu negativen Folgen (z. B. einer Drosselung des wissenschaftlich-technischen Fortschritts) führt und „ein im höchsten Grade zentralisiertes System privater Entscheidungstätigkeit entstehen läßt, das mit dem privaten Unternehmertum unvereinbar ist".[12]

Alle Versuche der bürgerlichen reformistischen Wissenschaft, ein allgemeines konzeptionelles Instrumentarium der Anti-Trust-Regulierung auszuarbeiten, das die Macht der Monopole in der Wirtschaft der USA im Interesse der Stabilisierung des kapitalistischen Gesellschaftssystems als Ganzem beschränken würde, haben keine greifbaren Resultate gebracht. Bei aller Unterschiedlichkeit der Auffassungen über die Kriterien der Anti-Trust-Regulierung sind sie alle durch die haltlosen Positionen der bürgerlichen reformistischen Theorie zu Monopol und Konkurrenz geprägt, die letztlich auf die Verteidigung des Systems des staatsmonopolistischen Kapitalismus und damit auch der Allmacht des Großkapitals gerichtet sind.

Die enge Verflechtung des dispositiven Prinzips bei der Gestaltung der kapitalistischen Handels- und Vertragsbeziehungen mit dem in der Anti-Trust-Politik und -Gesetzgebung enthaltenen Grundsatz staatlich-imperativer Regulierung ermöglicht, den Willen der Teilnehmer konkreter Rechtsbeziehungen mit dem in der Gesetzgebung ausgedrückten allgemeinen Willen der herrschenden Klasse in Übereinstimmung zu bringen, und zeigt zugleich die Unmöglichkeit, das Anti-Trust-Recht in die für die bürgerliche Rechtstheorie traditionellen Bereiche des öffentlichen Rechts und des Privatrechts einzuordnen. Obwohl das Anti-Trust-Recht von einigen bekannten amerikanischen Juristen (z. B. Oppenheim) als „Recht des öffentlichen Interesses“[13] bezeichnet wird, trägt die Anti-Trust-Gesetzgebung Züge sowohl des öffentlichen Rechts als auch des Privatrechts. Darin offenbart sich deutlich das einheitliche Klassenwesen des bürgerlichen Rechts.

In der Entwicklung des Anti-Trust-Rechts als besonderes Institut des amerikanischen Rechtssystems widerspiegeln sich alle Merkmale der normensetzenden Tätigkeit des bürgerlichen Staates, wie sie für die Epoche der allgemeinen Krise des Kapitalismus, für die Verstärkung der staatsmonopolistischen Tendenzen in der Wirtschaft und im politischen Leben charakteristisch sind.

Die Hauptquelle der Anti-Trust-Normen in den USA ist die Gesetzgebung. In der Regel werden in den Gesetzen die maßgebenden Prinzipien und Bestimmungen des Anti-Trust-Rechts fixiert und die rechtlichen Konstruktionen bestimmt, die später in der juristischen Praxis angewandt werden. Mit der Verabschiedung der Anti-Trust-Gesetze beginnt auch die eigentliche Geschichte des Anti-Trust-Rechts der USA und später auch der anderen kapitalistischen Länder. Die Anti-Trust-Gesetzgebung als Quelle des Rechts wird durch den Dualismus charakterisiert, der sich aus der Bundesstruktur des Rechtssystems der USA ergibt. Bei aller Unterschiedlichkeit der Anti-Trust-Regelungen in den einzelnen Gliedstaaten sind die meisten von ihnen lediglich verschiedene Varianten der Anti-Trust-Bestimmungen der Bundes-Gesetzgebung.

Eine Reihe von Gesetzen der Gliedstaaten sieht allerdings strengere Sanktionen für die Verletzung von Anti-Trust-Verboten vor (z. B. auf Hawai Gefängnisstrafen von einem Jahr bis zu zwanzig Jahren). Der praktische Effekt der Anti-Trust-Gesetze der Gliedstaaten ist jedoch noch bedeutend geringer als der der Bundesgesetze. Die Anti-Trust-Gesetze der Gliedstaaten haben es nicht so sehr mit den großen Monopolen zu tun, deren Geschäftsoperationen in aller Regel über den Rahmen eines Staates hinausgehen und daher seiner Jurisdiktion nicht unterliegen, als vielmehr mit zahlreichen Arten von Kartellvereinbarungen zwischen mittleren und kleinen Unternehmern.[14] Die zuständigen Organe der Gliedstaaten begründen ihre Untätigkeit bei der Anwendung der Anti-Trust-Gesetze häufig damit, daß sie das Einfließen von Kapital nicht zusätzlich behindern wollten.

Bei der Betrachtung der Quellen des Anti-Trust-Rechts der USA muß schließlich folgender Umstand hervorgehoben werden: Obwohl die Bedeutung und die Autorität der Gesetzgebung als Quelle des Rechts mit der Annahme neuer Bundesgesetze nach und nach zunehmen, bleiben auch weiterhin die gerichtlichen Präzedenzfälle und Rechtsgrundsätze eine beachtliche Rechtsquelle. Die Abkehr vom starren System der Bindung an die bestehenden Präzedenzentscheidungen zugunsten einer flexibleren richterlichen Normsetzung (judgemade law) hat die Rolle der Entscheidungen der Bundesgerichte als Quelle des Rechts im Bereich der Anti-Trust-Regulierung verstärkt.

Der für die rechtschöpfende Tätigkeit der Gerichte bestehende beträchtliche Spielraum findet nicht nur in den Eigenheiten der Anti-Trust-Gesetze seine Ursache, sondern ist auch durch wesentliche soziale Faktoren bestimmt: nämlich durch die für die herrschenden Kreise der USA bestehende Notwendigkeit, einen flexibel einsetzbaren Mechanismus für die Anpassung der Anti-Trust-Politik an die sich verändernden inneren und äußeren Existenzbedingungen des Imperialismus zur Verfügung zu haben. Die Bundesgerichte ihrerseits unternehmen große Anstrengungen, um die Anti-Trust-Gesetzgebung sowie die Rolle der USA-Regierung bei der Regulierung der kapitalistischen Konkurrenzbedingungen und Marktbeziehungen mit den konkreten Interessen des Monopolkapitals und den allgemeinen Prinzipien der Wirtschaftspolitik des imperialistischen Staates zu koordinieren.

Anmerkungen

1 Vgl. W. I. Lenin, Der Imperialismus als höchstes Stadium des Kapitalismus, in: Werke, Bd. 22, Berlin 1960, S. 280f.
2 „New York State Bar Journal" (New York), Oktober 1967, S. 419.
3 Vgl. z. B. Antitrust Laws with Amendments, 1890—1956, hrsg. von E. Lewis, Washington 1956; Antitrust Laws with Amendments, 1890—1970, hrsg. von G. Udell, Washington 1970.
4 1970 Annual Report of the Attorney General of the United States, Washington 1971, S. 96.
5 Vgl. „Texas Law Review", Oktober 1967, S. 1306.
6 Vgl. J. Juran/I. London, The Corporative Director, New York 1966, S. 300.
7 Vgl. 1970 Annual Report of the Attorney General of the United States, a. a. O.
8 Perspectives on the Antitrust Policy, Princeton 1965, S. 170f.
9 „Business Week" (New York) vom 9. Dezember 1967, S. 154.
10 FTC. Organization, Procedures, Rules of Practices and Statutes, Washington 1963, S. 5.
11 „Business Week" (New York) vom 17. März 1975, S. 32.
12 „Economic Concentration". Hearings before the Subcomittee on Anti-Trust and Monopoly. United States Senate. Pt. 8, Washington 1969, S. 5.
13 Lectures on Federal Antitrust Laws, Ann Arbor 1955, S. X.
14 J. Flynn, Federalism and State Antitrust Regulation, Ann Arbor 1964, S. 228.

Rüdiger Rosenfeldt
(Berlin)

Bürgerliche Rechtsideologie und Technokratie

Relativ lange Zeit konnten bürgerliche Rechtsideologen der BRD ihre Unsicherheit gegenüber der realen Rechtsentwicklung verdrängen. Ihre heutigen Fragestellungen unterscheiden sich denn auch wesentlich von denen in den fünfziger und sechziger Jahren, als die Mehrheit der bürgerlichen Rechtsideologen noch von der Vorstellung einer krisenfesten, stabilen und zukunftssicheren Perspektive der Institutionen und des Mechanismus der bürgerlichen Rechtsordnung ausging. Ihr Vertrauen in die „Unerschütterlichkeit" und den „Ewigkeitsbestand" der bürgerlichen Rechtsprinzipien als der für alle Zeiten besten und gültigen Grundsätze der kapitalistischen Gesellschaft ist ernsten Zweifeln über deren Fortbestehen gewichen. So ist schließlich aus der Fragwürdigkeit und Verunsicherung, z. B. bei Erik Wolf,[1] in den ersten Nachkriegsjahren nun auch bei einigen seiner ehemaligen Freiburger Studenten, vor allem Niklas Luhmann[2] und Arthur Kaufmann,[3] in Anbetracht der tiefgreifenden Erschütterungen der imperialistischen Weltwirtschaft, der sozialen Auswirkungen der raschen Entwicklung von Wissenschaft und Technik im staatsmonopolistischen Kapitalismus und der sich daraus ergebenden politischen Instabilität sowie der realen historischen Alternative und der allseitigen dynamischen Entfaltung des Sozialismus ein *Krisenbewußtsein* geworden.

Das Krisenbewußtsein resultiert aus der Zuspitzung der Widersprüche der stürmischen Entwicklung der Produktivkräfte, insbesondere der Anwendung der Ergebnisse der wissenschaftlich-technischen Revolution und der politischen Umsetzung ihrer Konsequenzen unter den Bedingungen der allgemeinen Krise des Kapitalismus in der Gegenwart. All dies führt im ökonomisch-politischen Bereich zu enormen Schwierigkeiten und Instabilitäten, die sich in der Krise des geltenden Rechts und der bürgerlichen Rechtsideologie vielfältig widerspiegeln. Das findet u. a. seinen Niederschlag in der Frage nach der Einbeziehung sozialwissenschaftlicher Methoden in die Rechtswissenschaft, nach der Quelle der Rechtsverhältnisse, nach der Überwindung der Diskrepanz zwischen demokratischem Verfassungspostulat und weitgehend antidemokratischer Verfassungspraxis.

Die Zentrifugalkräfte der tiefen Krise der bürgerlichen Lehre vom Recht haben ihre Vertreter bei der Suche nach Antworten auf diese und andere Fragen in mehr als zwei unterschiedliche Schulen, Richtungen bzw. Strömungen differenziert. Dabei ist jedoch auffallend, daß immer mehr bürgerliche Rechtsideologen es allmählich müde werden, kurzatmig hinter jeder avancierten bürgerlichen Theorie herzulaufen, um sich dann von den mehr oder weniger einem technokratischen Rechtsdenken verhafteten Ideologen ein schadenfrohes „Ich bin schon da“ entgegenrufen zu lassen.

I.

War noch vor fünfzehn Jahren unter den bürgerlichen Rechtsideologen in der BRD „Technokratie“ höchstens ein Stichwort für professionelle Rechtssoziologen, so steht dieser Begriff nunmehr für ein breites Spektrum von Feststellungen über soziale Strukturen und Tendenzen institutioneller Änderungen. Dabei verstehen bürgerliche Vertreter unter Technokratie gewöhnlich zum einen die soziale Schicht von Managern und zum zweiten „ein politisches Regime, in dem diese soziale Schicht die Staatsmacht in ihren Händen konzentriert“.[4] Diese allgemeine Begriffsbestimmung erfährt dann bei der Suche nach Antworten für rechtstheoretische Probleme, die in aller Regel auch sehr rechtspraktische sind, eine spezifische Ausprägung. So gehen technokratisch orientierte Rechtsideologen, z. B. bei den Reformversuchen des juristischen Studiums in der BRD, davon aus, daß eine interdisziplinäre Kooperation zwischen Rechts- und Sozialwissenschaft und die Einbeziehung sozialwissenschaftlicher Methoden und Ergebnisse in das juristische Studium in erster Linie einer wirksameren Anpassung formalrationaler Rechtsinstitute an neue Entwicklungsbedingungen des „modernen Industriezeitalters“ und einer verbesserten Funktionalität zur Stabilisierung des Bestehenden dienen sollen. Ihr Anliegen ist es, die angehenden Juristen, die später vornehmlich in der staatlichen Verwaltung tätig sein oder primär mit ihr zu tun haben werden, mit einem größeren Orientierungswissen auszustatten, das sie in die Lage versetzen soll, die existierenden Machtverhältnisse wirkungsvoller durch eine verfeinerte Anwendung von Herrschafts- und Unterdrückungspraktiken zu erhalten bzw. zu „stabilisieren“.[5]

Der Klasseninhalt des technokratischen Konzepts kommt spätestens immer dann zum Vorschein, wenn die Stichworte „Erhaltung“ und „Stabilisierung“ fallen, denen alle Reformvorschläge untergeordnet werden. Genau dies entspricht der historischen Sachlage, in der sich die bürgerliche Gesellschaft in der Gegenwart befindet. Auf deren Tagesordnung steht das Bestreben um die Erhaltung und Stabilisierung des staatsmonopolistischen Herrschaftsmechanismus, und zwar sowohl mit autoritären als auch mit flexiblen Methoden der Herrschaftsausübung.

In diesem Lichte soll auch das juristische Studium nicht mehr an „höheren“ Werten ausgerichtet bleiben, sondern unter dem Deckmantel der Funktionstüchtigkeit der „Gesellschaft im Atomzeitalter“ ein technokratisches Rechtsverständnis vermitteln, welches das Recht als jederzeit manipulierbar und veränderbar begreift und nur dann für sich in Anspruch nehmen darf, als Recht zu gelten, wenn es der Erhaltung und Stabilisierung des gegenwärtigen Imperialismus dient.

Die Funktion des bürgerlichen Rechts und der Aneignung juristischer Kenntnisse im staatsmonopolistischen Kapitalismus tritt damit deutlich hervor. Ein wesentlicher Teil dieser Funktion besteht darin, die Macht der Monopolbourgeoisie vor einem sozialen Fortschritt um jeden Preis zu bewahren und abzuschirmen. Ein kritisches Verständnis soll es nicht geben und schon gar keinen Raum für Handlungen zur grundlegenden Veränderung gesellschaftlicher Zustände. Eine solche „Modernisierung“ des juristischen Studiums meint Anpassung an die fortgesetzte Rechtstendenz in der

BRD und erweist sich als das auf eine manipulierte Gesellschaft zugeschnittene Studienprogramm.

Die Wirkung dessen läßt sich auch an der weitgehend technokratisch orientierten Studienreform der Juristenausbildung in der BRD darstellen. So werden die Organisations- und Vermittlungsformen der bürgerlichen Rechtsideologie uniform nach dem personellen und dem Fachablauf gestaltet, um die „zeitgemäßen“ Leistungen administrativ-regulativer und legitimierender Art zu erbringen, die sich aus dem — durch die immanenten Gesetzmäßigkeiten des staatsmonopolistischen Kapitalismus — erhöhten Stellenwert des Rechts ergeben. Dieses Ziel beinhaltet ferner die Ausbildung von fungierenden Rechtsarbeitern bei einer nur unerheblichen Steigerung der finanziellen Aufwendungen. Sparsam waren jedoch die Vertreter der bürgerlichen Lehre des Rechts schon immer, allerdings mit demokratischen Lehrinhalten, um die „Nacherziehung“ der juristischen Berufsanwärter beim Eintritt in die spezifische Berufssparte so konfliktlos wie möglich zu vollziehen. Von Demokratisierung, Mitbestimmung und Studentenvertretung ist da keine, allenfalls noch phrasenhaft die Rede. Dafür aber ist viel zu lesen von „Kapazitätsberechnung“, „Tests“ und „Interviews“, „Auswahlverfahren“ und „Differenzierung der Ausbildungswege“. Dies zielt dann auf die Errichtung einer Hierarchie von „zweckbestimmtem“ Eliten- und Helotenstudium, wie es in Anfängen bereits besteht.[6]

II.

Vor diesem Hintergrund der andauernden reaktionären Tendenz in der BRD fordern technokratisch ausgerichtete Rechtsideologen, auch endlich die fruchtlose Debatte um die wachsende Schere zwischen demokratischem Verfassungspostulat und weitgehend antidemokratischer Verfassungswirklichkeit mit der Akzeptierung des gesellschaftlichen Status quo abzuschließen. Diese Forderung bringt die gesellschaftliche Faktizität in doppeltem Sinne zum Ausdruck, indem nicht nur eine „wirklichkeitsnahe“ Rechtsauffassung, sondern auch real vorherrschende Bewegungen der Rechtsentwicklung unter diesen Begriff subsumiert werden. Material findet sich dazu hinreichend in Luhmanns Aufsatz „Politische Verfassungen im Kontext des Gesellschaftssystems“, in dem er „das exegetisch aktualisierbare Selbstverständnis der Verfassung unterlaufen und relativieren“ will.[7] Sein Vorgehen zeigt sich am deutlichsten in der vom Wortlaut des Bonner Grundgesetzes abgehobenen Interpretation der Grundrechte und des sozialstaatlich gefaßten Verfassungsbegriffs als Stabilisatoren der bestehenden Systemdifferenzierung und wechselseitigen Verträglichkeit gesellschaftlicher Teilsysteme.

Angefangen hat der rechtsetzende Prozeß des Festschreibens des gesellschaftlichen Ist-Zustandes in staatsautoritärer Richtung bereits Ende der sechziger Jahre. Seit der Verabschiedung des „Gesetzes zur Sicherung der Stabilität und des Wachstums der Wirtschaft“ durch den Bundestag der BRD im Jahre 1967 hat die Anzahl der Gesetze stark zugenommen, die Produkte politischen Sachverstandes aus den Verwaltungsetagen der Konzerne und der Staatsbürokratie sind und eine zunehmende Übereinstimmung zwischen ökonomisch-technischer und rechtlich-normativer Sphäre anvisieren. Diese technokratisch beeinflußten und juristisch ausgebildeten Vertreter des politischen Fachverstandes begnügen sich aber immer weniger mit der bloßen Nachzeichnung des Status quo, sondern bemühen sich auch, den ökonomischen und politischen Erfordernissen der kommenden Jahre im Interesse der Monopolbourgeoisie den Weg zu ebnen, was ihnen allerdings angesichts der ständig zunehmenden Krisenerscheinungen nur schwerlich gelingt. Indem jedoch auf diese Weise in der Rechtsordnung der Gegenwart bereits die Zukunft als generalisierte Vergangenheit zu zementieren versucht wird, ist selbst der formal-soziale Anspruch des bürgerlichen Rechts ins Abseits gedrängt worden und hat sich das monopolistische Faustrecht des Stärkeren in den Vordergrund geschoben.

Auch auf dem Gebiet des Arbeitsrechts ist die wachsende Tendenz technokratischer Argumentationsmuster klarer auszumachen. An der Spitze steht dabei das reaktionäre Prinzip der „Sozialadäquanz", das von Nipperdey zunächst als Wissenschaftler kognitiv entwickelt und dann als Gerichtspräsident normativ gefaßt wurde und heute nun mit dem Hinweis auf herrschende ökonomische Zwänge fest im bürgerlichen Rechtsboden verankert ist.[8] So werden in steigendem Maße bei Rechtsstreitigkeiten vor BRD-Arbeitsgerichten zwischen Unternehmern und Werktätigen sozialverfassungsrechtliche Grundsätze durch „volks"wirtschaftliche — an den Erfordernissen der Monopolwirtschaft gemessene — Richtlinien verdrängt. Da werden z. B. durch Gerichtsentscheidungen präventive Regelungen verfaßt, mit denen das Streikrecht an „gesamtgesellschaftliche" Legalitätsvoraussetzungen gebunden wird. Eine solche Zwangsbedingung ist die Ausschöpfung aller Verfahrensmöglichkeiten zur friedlichen Beilegung des Arbeitskampfes, in denen nicht selten der imperialistische Staat durch seine Vertreter als „neutraler" Vermittler mitwirkt. In diesen Verfahren werden dann die Gewerkschaftsvertreter durch die Monopolpresse als ewige Nein-Sager abqualifiziert, so daß der weitere Arbeitskampf durch zusätzlich belastende Momente, die bis zur Aussperrung reichen, zu einem immer größeren Risiko für die beteiligten Werktätigen wird.

In fast allen Rechtszweigen in der BRD ist das reale Vordringen technokratischer Rechtsklauseln wie „gesamtwirtschaftliches Gleichgewicht", „Orientierungsdaten", „Jahresprojektion" u. a. m. nachvollziehbar.[9] Sie gehen weit über das von der politischen Exekutive schon installierte Maß hinaus und werden im wesentlichen durch ein gemeinsames Merkmal gekennzeichnet: die Okkupation von den in Klassenkämpfen erzwungenen, staatlich gesetzten sozialen Rechtsgrundlagen durch ökonomische „Sachgesetzlichkeiten". Die immer häufigere Auslegung des Rechts mit Hilfe neuer, vorzugsweise technokratischer Termini deutet auf antidemokratische Prozeduren hin, die sich erst in Anfängen abzeichnen und zu pervertiertem Perfektionismus tendieren.

Die Unbestimmtheit von Rechtsnormen und Rechtsprinzipien durch die Inkorporation zukunftsverschlossener Sachformeln und die vagen Konturen der die Mittel zur „Systemstabilisierung" andeutenden Formulierungen ermöglichen es dem an der Ermessenslehre geschulten Beamtentum in Justiz und Exekutive, die wirtschaftlichen Ansprüche der Monopole bei allen rechtlich relevanten Vorhaben zu favorisieren. Die Beamten fragen dann bei der konkreten Inhaltsbestimmung der rechtlichen Normen in der jeweiligen Anwendungssituation nach der „Angemessenheit" und „Zweckmäßigkeit", um ihrer monopolbourgeoisen Klassenaufgabe in der Justiz und Verwaltung des staatsmonopolistischen Kapitalismus zu entsprechen. So verliert der Wille der ursprünglich legitimierenden politischen Institution — des Parlaments — für die Entscheidung des Beamtentums zunehmend an Bedeutung, und es können in die Rechtsverwirklichung verstärkt selbst formal-demokratisch nicht mehr legitimierte, monopolbourgeoise Wertungen über die personelle Verflechtung von Verbands- und Staatsbürokratie einfließen. Eine solche Veränderung des politisch-rechtlichen Machtmechanismus zeichnet gewisse Parallelen einer Situation nach, die in der Weimarer Republik verstärkt hervortrat und schließlich im Faschismus ihre reaktionärste Ausprägung erfuhr.[10]

III.

All diese Erscheinungen spiegeln sich in der bürgerlichen Rechtsideologie in der BRD wider. Sie werden vom diskreditierten Rechtspositivismus, dessen Liaison mit dem Faschismus durch die Völker geächtet wurde, und von der kontroversen Naturrechtslehre, die bei der theoretischen Rechtfertigung der Restauration des Kapitalismus in den Nachkriegsjahren in der BRD eine wesentliche Rolle spielte und infolge der Verschärfung innerer und äußerer Widersprüche in ein Anpassungsdilemma geraten ist, auf unterschiedliche Art und Weise reflektiert.

Die bereitwilligste Aufnahme technokratischer Argumente erfolgte durch den Rechtspositivismus. Seine Vertreter rechtfertigen die Rechtsanpassung an die sogenannten Erfordernisse der „Industriegesellschaft" durch computer„gerechte" Gesetzgebung und Rechtsprechung weitgehend mit technokratischen Termini wie „Sachgesetzlichkeit", Technisierung der Sachgebiete, Planung der Sachaufgaben, Komplexität der Sachverhalte und dem wachsenden Einfluß von Experten, Managern und Beratern.

Diese technokratischen Begriffe finden bei der rechtspositivistischen Begründung der Forderung nach mehr situationsförmigen Gesetzen ihre Anwendung, die in der Art von Maßnahmegesetzen[11] sowohl der Einzelregelung als auch der globalen Steuerung gesellschaftlicher Abläufe wirkungsvoller dem Stabilisierungsbedürfnis der Herrschenden entgegenkommen soll. Zugleich werden mit diesem Verlangen nach einer laufenden parlamentarischen Änderungsgesetzgebung in erster Linie der relativ starke demokratische Legitimationscharakter der Legislative und der formalrationale Verfahrenscharakter der bürgerlichen Demokratie als Verschleierungsmoment für den Auf- und Ausbau außerparlamentarischer Machtmechanismen im Rahmen des politischen Systems vorgeschoben. Die demokratisch nicht legitimierten Aktivitäten beim Zustandekommen von Gesetzen und bei der Gesetzesauslegung werden dann wieder überwiegend mit technokratischen Schablonen begründet, wobei als Grund für die Trennung der inhaltlichen von den formalen Rechtsetzungsprozessen ökonomisch-technische „Eigengesetzlichkeiten" angegeben werden.

Die Flucht nach vorn, ins Abstrakte, ins scheinbar Unpolitische, in die Funktionalität und die Ermessensfreiheit verstehen die in zunehmendem Maße technokratisch motivierten Rechtspositivisten freilich nicht als die Möglichkeit des Beliebigen, sondern als „Primat der Wirtschaft", das für das gesellschaftliche Ziel, die Entwicklungsrichtung und die Mittelauswahl ausschlaggebend sein soll.[12] Die Vorrangigkeit politischer Sinngebung gegenüber ökonomisch-technischen „Sachgesetzlichkeiten" wird von ihnen mehr oder minder konsequent abgelehnt. Dabei wird verschwiegen, daß es antagonistische Klassen sind, die über die Produktion dieser bürgerlichen Sachgesetzlichkeiten entscheiden oder ihnen unterworfen werden. Recht ist bei solchem Verständnis als Instrument sozialgesellschaftlichen Fortschritts kaum mehr denkbar, wie überhaupt vom Menschen nur am Rande Notiz genommen wird. Hier offenbart sich neben dem antidemokratischen auch der antihumanistische Charakter einer technokratisch beeinflußten Rechtsideologie.

Die Zurücknahme vormals progressiver Entwicklungen im bürgerlichen Rechtsdenken mit Hilfe der Technokratie erfolgt auch in der Naturrechtslehre. Während sich die

Naturrechtslehre in der revolutionären Phase der Bourgeoisie von dem aufklärerischen — obgleich idealistischen — Grundsatz der „Natur des Menschen“ leiten ließ, erfolgt heute mehr und mehr die Fundierung dieser Lehre nach dem Grundsatz der „Natur der Sache“.[13] Die „Natur der Sache“ soll maßgebend für das rechtlich bedeutsame menschliche Verhalten sein, womit der Mensch in seiner jetzigen Stellung im kapitalistischen System der gesellschaftlichen Produktion, in seinem bestehenden Verhältnis zu den Produktionsmitteln, in seiner gefügten Rolle in der gesellschaftlichen Organisation der Arbeit und der Art der Erlangung und dem Umfang seines Anteils am gesellschaftlichen Reichtum fest verkettet wird. Diese klassenspezifische Segmentierung der Funktionszuweisung nach zentralen Steuerungsprozessen und Planungsvorhaben im Dienste der Monopolbourgeoisie wird mit der Durchsetzung technokratischer Muster in der Naturrechtslehre zum offen deklarierten Rechtsgrundsatz und löst das formale Gleichheitsprinzip mit seiner verschleiernden Wirkung der bürgerlichen Eigentumsverfassung zunehmend ab.

IV.

Sowohl die bürgerliche Naturrechtslehre als auch der Rechtspositivismus sind auf dem Wege, ihre Phase der weitgehend passiven Apologetik der bestehenden Machtverhältnisse des Monopolkapitals zu beenden. Beide konnten ihrer aktivierenden Rolle auf herrschaftsideologischem bzw. herrschaftspragmatischem Gebiet zur wirkungsvolleren Manipulation der Bevölkerung bzw. zur Bereitstellung von herrschaftsanleitendem Wissen für den Gesetzgeber nur noch mühsam entsprechen und öffneten sich schließlich auch der Technokratie. Mit der Flucht in die Technokratie nahm gleichzeitig der „Antipodencharakter“ von Naturrecht und Rechtspositivismus annähernd proportional ab. Dieser Ansatz bildet den Grundstock für eine reaktionäre Rechtsideologie unseres Jahrhunderts, die dem staatsmonopolistischen Kapitalismus der Gegenwart unter den Bedingungen des wissenschaftlich-technischen Fortschritts weitgehend zu entsprechen sucht.

Ein wesentlicher Bestandteil dieser reaktionären, vorwiegend technokratisch begründeten Rechtsideologie ist der Antikommunismus. Dieser Antikommunismus kommt zum einen bei der Suche nach technokratischen Elementen im Sozialismus und ihrer Bewertung zum Ausdruck. Jene technokratisch orientierten Rechtsideologen, die den realen Sozialismus vom Standpunkt der Überwindung des bürgerlichen Rechts aus betrachten, ohne allerdings die neue Qualität des sozialistischen Rechts anzuerkennen, suggerieren, daß in den sozialistischen Staaten die Technokratie bereits weit fortgeschritten sei, und diffamieren sie als „grundrechtslose Welt des Ostens“.[14] Zum zweiten kommt der Antikommunismus unter Hervorkehrung äußerlicher Erscheinungen tatsächlich vorhandener Gesetzmäßigkeiten bei Eliminierung der wesentlichen Triebkräfte und Ziele des objektiven Geschichtsprozesses zum Vorschein, wenn N. Luhmann z. B. behauptet, daß die Probleme weder praktisch noch theoretisch in den sozialistischen Ländern anders liegen, „sofern man nur abstrakt genug vergleicht“.[15]

Diese scheinbar unvoreingenommene und qualitätsunabhängige Abstraktionshöhe ist der Versuch, antidemokratische Herrschaftspraktiken der Monopolbourgeoisie zu legitimieren und Machtansprüche aggressiv vorzutragen. Hinter der „neutralen“ Begrifflichkeit, der scheinbar apolitischen Ausdrucksweise und den angeblich ideologieabstinenten Formulierungen verbirgt sich jedoch in Wahrheit eine ganze Reihe staatsmonopolistischer Wertvorstellungen, die in ihrer konterrevolutionären Zielsetzung gefährlich sind. Die Verneinung materiell-qualitativer Elemente des Rechts der Gegenwart prägt das reaktionäre und gleichsam restaurativ-konservative Bild dieser Rechtsideologie. Geschichtslosigkeit — das ist die Signatur der Technokratie.

Eine weitgehend technokratische Rechtsideologie, wie sie in der BRD und in anderen entwickelten kapitalistischen Ländern in Erscheinung tritt, gereicht nur der Monopolbourgeoisie zum Nutzen. Sie ist nicht wie die Rechtstheorie der machtausübenden Arbeiterklasse in den sozialistischen Staaten an der Aufdeckung historisch-genetischer Gesetzmäßigkeiten zwischen Ökonomie, Politik, Recht und Ideologie interessiert und schon gar nicht an deren revolutionärer Umsetzung mit Hilfe des Rechts.

Anmerkungen

1 Vgl. E. Wolf, Fragwürdigkeit und Notwendigkeit der Rechtswissenschaft, Freiburg 1953.
2 Vgl. N. Luhmann, Die Funktionen des Rechts: Erwartungssicherung oder Verhaltenssteuerung?, in: Archiv für Rechts- und Sozialphilosophie, Wiesbaden 1974, Beiheft Nr. 8, S. 44.
3 Vgl. A. Kaufmann, Tendenzen im Rechtsdenken der Gegenwart, Tübingen 1976, S. 25.
4 G. Ch. Šachnazarov, Socialističeskaja demokratija. Nekotorye voprosy teorii, Moskva 1974, S. 148.
5 Vgl. die systemkomforme Kritik von Hubert Rottleuthner, Rechtswissenschaft als Sozialwissenschaft, Frankfurt a. M. 1973, rezensiert in: Staat und Recht (Berlin), 9/1975, S. 1317ff.
6 Vgl. L. Niemann, Die GmbH-Universität für Mandarine der Zukunft, in: Kritische Justiz, Köln 1970, (I), S. 73—79 und (II), S. 209—224.
7 Vgl. N. Luhmann, Politische Verfassungen im Kontext des Gesellschaftssystems, in: Der Staat (Berlin(West)), 1/1973, S. 7.
8 Vgl. H. Klenner, Rechtsphilosophie in der Krise, Berlin 1976, S. 63.
9 R. Rosenfeldt, Technokratie und ihr Einfluß auf den bürgerlichen gewerblichen Rechtsschutz, in: Der Neuerer (Berlin), 4/1976, Teil B, S. 57ff.
10 Siehe hierzu I. Maus, Bürgerliche Rechtstheorie und Faschismus, München 1976.
11 Vgl. E. Forsthoff, Über Maßnahme-Gesetze, in: Rechtsstaat im Wandel. Verfassungsrechtliche Abhandlungen 1950—1964, Stuttgart 1964, S. 78ff.
12 N. Luhmann, Wirtschaft als soziales System, in: ders., Soziologische Aufklärung, Opladen 1970, S. 204—231; ders., Positivität des Rechts als Voraussetzung einer modernen Gesellschaft, in: R. Lautmann/W. Maihofer/H. Schelsky (Hrsg.), Die Funktion des Rechts in der modernen Gesellschaft, Jahrbuch für Rechtssoziologie und Rechtstheorie, Bd. 1, Bielefeld 1970, S. 200f.
13 Vgl. hierzu W. A. Tumanow, Bürgerliche Rechtsideologie, Berlin 1975, S. 295ff.
14 N. Luhmann, Grundrechte als Institution, Berlin(West) 1965, S. 198.
15 N. Luhmann, Rechtssoziologie, Reinbek 1972, S. 305; rezensiert in: Staat und Recht (Berlin), 8/1974, S. 1384ff.

Personenregister